Karin Rabausch / Uta Krampitz **Bäder – Handbuch zur Badezimmerplanung**

BÄDER

Handbuch zur Badezimmerplanung

3., überarbeitete Auflage
mit über 200 Abbildungen

Prof. Karin Rabausch
Innenarchitektin
Lehre an der Fachhochschule Rosenheim,
Fachgebiet Innenarchitektur

Dipl.-Ing. Uta Krampitz
Freischaffende Architektin

unter Mitarbeit von
Dipl.-Ing. Alexandra Volz

Rudolf Müller

Bibliografische Informationen der Deutschen Bibliothek
Die Deutsche Bibliothek verzeichnet diese Publikation
in der Deutschen Nationalbibliografie; detaillierte bibliografische Daten
sind im Internet über **http://dnb.ddb.de** abrufbar.

Umschlaggestaltung: KOMBO Medien Design R. Geyer, Siegburg
Satz: KOMBO Medien Design R. Geyer, Siegburg
Umschlagfoto: Antonio Lupi, Italien
Druck: MediaPrint, Paderborn
Printed in Germany
Das vorliegende Werk wurde auf umweltfreundlichem Papier
aus chlorfrei gebleichtem Zellstoff gedruckt.

ISBN 3-481-02095-3

Was will dieses Buch?

Als wir vor fast 10 Jahren daran gingen ein Buch über Bäder zu schreiben, kam sofort die Frage: »Gibt es davon nicht schon genug?«

Es gab einige Bücher über Bäder, die sich hauptsächlich mit der Geschichte des Badens befassten oder wunderbare Photos von Luxusbädern aus aller Welt zeigten.

Heute gibt es eine Reihe von Büchern – von uns durchaus geschätzt –, die sich mit der Planung und Ausführung von Bädern befassen. Und jeden Monat kommt eine neue Zeitschrift über dieses Thema an den Kiosk.

Unsere Absicht ist es nicht, nur Luxusbäder und wahllos neue Sanitärelemente zu zeigen, sondern wir möchten unsere langjährige Erfahrung als Planer im Innenausbau weitergeben. Wir haben eine große Anzahl von Bädern projektiert. Nicht alle wurden ausgeführt, weil den Auftraggeber manchmal der Mut verlässt, wenn er sieht, was an Kosten oder baulichen Veränderungen auf ihn zukommt. Oft haben die Bauherren bestimmte Wünsche in Bezug auf die Funktion und nur vage Vorstellungen über das Aussehen. Andererseits kommt es oft vor, dass die Bauherren mit dem Bild eines Luxusbades, Typ italienischer Palazzo mit Blick aufs Meer, erscheinen und diese Pracht in ihre vier Quadratmeter große Nasszelle übertragen wollen.

Meist handelt es sich bei den Projekten um den Umbau schon vorhandener Bäder, oft im Zuge kompletter Altbausanierungen. Aber auch Bäder aus den Aufbaujahren nach dem Krieg entsprechen heute nicht mehr den gestiegenen Anforderungen an Technik und Komfort. Auch bringt die Sanitärindustrie in Zusammenarbeit mit hervorragenden Designern immer neue Produkte auf den Markt, die das noch gut funktionierende Badezimmer alt aussehen und den Wunsch nach Neuem entstehen lassen.

Wir haben all diese unterschiedlichen Aufgaben systematisch verarbeitet und ein Hand- und Arbeitsbuch verfasst, das dem Fachmann erlaubt, Schritt für Schritt anhand von Beispielen, der Auflistung technischer Möglichkeiten und der Angebote auf dem Sanitärmarkt ein Bad zu gestalten. Auch dem Laien und Bauherrn vermittelt es einen guten Überblick, der – so hoffen wir – die Entscheidungen erleichtert.

Erfahrungsgemäß sind es die Zeichnungen und Bildbeispiele, die die Leser in erster Linie interessieren. Auf ihre Anschaulichkeit und Aussagekraft haben wir besonderen Wert gelegt. Ergänzt werden sie von kurzen prägnanten Texten.

Natürlich zeigen wir auch eine Reihe von Luxus-Bädern. Unser wichtigstes Anliegen ist es aber, bei der Gestaltung von Standard-Bädern zu helfen. Als moderne Architekten lieben wir natürlich zeitgemäße Formgebung und Materialien. Doch auch für den traditionellen Geschmack wird genügend Anregung geboten.

Neue Bäder kosten viel Geld. Gute Planung und das Wissen um die vielfältigen Angebote und Möglichkeiten sind unbedingte Voraussetzung dafür, dass am Ende das Ergebnis den Erwartungen entspricht. Dazu wollen wir beitragen.

Die große Resonanz auf unser Buch veranlasst uns, für die dritte Auflage eine Überarbeitung anzubieten, die der Entwicklung auf dem Markt Rechnung trägt.

München, im September 2004

Prof. Karin Rabausch
Dipl.-Ing. Uta Krampitz

Bäder –
Traum und Wirklichkeit

Freude am Bad – so könnte man das Wohngefühl der 90er Jahre nennen, das sich auch ab dem Jahr 2000 fortsetzt. Der allgemeine Trend zum gehobenen Wohnen hat in vielen Wohnungen und Häusern zu umfangreichen Renovierungsmaßnahmen geführt.

Zuerst waren die Küchen an der Reihe. Küchenläden schossen wie Pilze aus der Erde. Dann kam die Welle der Designer-Möbel. Man fand plötzlich Spaß an ausgefallenen bunten, schrägen Sachen.

Nun geht es an die Erneuerung des letzten Zeugen alter Zeiten, das Bad. Der Aufwand für den Umbau hängt davon ab, ob man nur die Sanitärgegenstände und Wandverkleidungen erneuert oder ob man auch die Möblierung des Bades verändert oder sogar Umbauten vornimmt. Der letztere Fall bedeutet, dass eine komplette Neuplanung nötig wird.

Die Planung beginnt mit der Frage, welche Personen das Bad benutzen sollen. Will und kann man Badewanne und separate Dusche einbauen, ist ein zusätzliches WC vorhanden, wie viel Stauraum wird benötigt, muss auf Kinder Rücksicht genommen werden? Die baulichen Voraussetzungen, d.h. der vorhandene Platz, müssen mit den Anforderungen der Benutzer in Einklang gebracht werden.

Und wie soll das Bad aussehen? Fliesen (weiß oder farbig), Naturstein (ist ja so empfindlich), klassisch eingerichtet (hat doch jeder) oder schräg (sieht man sich schnell über), Halogenleuchten (brauchen zu viel Strom), Spiegel (muss man dauernd putzen), Messing oder Chrom, warm oder kühl, schlicht oder üppig?

Wie bei der neuen Küche muss der Umbau sorgfältig geplant werden, er hat aber bei der Ausführung entschieden

härtere Konsequenzen. Die Einrichtung einer Baustelle in der Wohnung ist unvermeidlich. Fliesen werden abgeschlagen, Mauern eingerissen, alte Wannen und Becken ausgebaut, Installationsleitungen neu verlegt, der Schutt muss entsorgt, neue Wände müssen eingezogen und alte Flächen verputzt und verspachtelt werden. Wenn dann der Fliesenleger mit seinem feuchten Gewerbe beginnt, ist das Schlimmste für die Badbesitzer fast vorüber – kann man doch mit jedem Quadratmeter Fliesen das neue Gesicht des Raumes erkennen. Aber inzwischen hat die Badewanne einen dicken Kratzer, und keiner ist's gewesen. Die Anschlüsse für die neuen Armaturen passen nicht und müssen neu bestellt werden. Die Fertigstellung zieht sich hin, und bis das erste Vollbad lockt, sind die Nerven der Bauherren zum Zerreißen gespannt. Wenn aber der letzte Handwerker das Haus endgültig verlassen hat, ist der ganze Ärger vergessen, und der Spaß am Bad ist ungetrübt.

Unser Buch soll zum Gelingen der Badezimmerplanung beitragen. Wir haben es in drei Teile aufgeteilt:

Im ersten und umfangreichsten Kapitel zeigen wir Beispiele der verschiedensten Bäder – real ausgeführte, im Atelier aufgebaute oder auch nur auf dem Papier geplante. Es ist möglich, sich auf den ersten Blick für den Stil eines bestimmten Bades zu entscheiden. Jeder Planung liegen sämtliche Faktoren für eine perfekte Ausführbarkeit zugrunde. Alle verwendeten Gegenstände und Materialien werden auf dem Markt angeboten.

Die unterschiedlichen Gestaltungsmöglichkeiten sind systematisch auf verschiedene Grundriss-Größen und -Formate verteilt: Prototypen, denen wir bei unseren Planungen oft begegnet sind. Natürlich verändern sich die Voraussetzungen von Fall zu Fall im Detail – durch Mauervorsprünge, Nischen, Fenster oder Türen. Diese architektonischen Vorgaben müssen bei der Planung berücksichtigt werden.

Wir bieten in diesem Werk Lösungen für jeden Geschmack. Wie man auch in der Praxis auf die besonderen Wünsche und Vorlieben der Auftraggeber Rücksicht nehmen muss, lassen wir hier die unterschiedlichsten Stile nebeneinander gelten. Immer muss aber der Charakter einer Einrichtung durchgängig gewahrt werden. Das Zusammenspiel von Form, Farbe und Material muss stimmen.

Die Beispiele zeigen meist Bäder, deren Ausstattung außerhalb der gängigen Norm liegt. Das bedeutet, dass Materialien verwendet werden, die in ihrer Auswahl oder Zusammenstellung ungewöhnlich sind. Manchmal wird der Leser bemerken, dass das Material den Forderungen nach absoluter Wasserbeständigkeit nicht genügt.

Ein total eingefliestes Bad hält natürlich allem stand. Wenn wir aber Wert auf wohnliche Atmosphäre legen, muss die Vernunft manchmal zurückstehen. Denken wir an die Bäder in den USA. Dort sind nur die nötigsten Flächen wasserfest verkleidet, der Rest wird mit Tapete beklebt. Das Ergebnis sind anheimelnde Boudoirs. Dem Zugriff des Wassers am meisten ausgesetzt ist die Duschwand. Auch wenn im übrigen Bad anderes Material verwendet wird, kann die Dusche unauffällig verfliest werden ohne den Gesamteindruck zu stören: Fliesen im gleichen Farbton mit ebensolchen schmalen Fugen, matt oder glänzend, oder farblich passender Naturstein machen es möglich.

Stauraum im Bad ist unerlässlich. Bei einigen Beispielen wurde darauf zugunsten der eleganten Lösung verzichtet. Es ist aber immer möglich, durch zusätzliche Einbauten oder frei aufgestellte Container-Schränke Platz zu schaffen.

Ein weiteres Problem ist die Unterbringung der Waschmaschine. Bei einigen Entwürfen ist darauf speziell Rücksicht genommen worden. In vielen anderen Fällen kann statt eines Schranks die Waschmaschine in den Unterbau unter der Waschtischplatte integriert werden.

In fast allen Bädern sind die Sanitärgegenstände weiß. Das wirkt appetitlich und lässt die Spuren von kalkhaltigem Wasser nicht sichtbar werden. Eine Ausnahme machen in unserem Fall Becken aus Edelstahl oder Glas, die zwar nicht pflegeleicht sind, aber unseren ästhetischen Ansprüchen entgegenkommen.

Armaturen und Accessoires sind vorzugsweise silberfarben – Chrom oder Nickel. Ausnahmen bestätigen die Regel!

Oft ist der Traum vom neuen Bad mit dem Wunsch nach einer Whirlwanne verbunden. Die Entscheidung zum Whirlpool hängt nicht von gestalterischen Gesichtspunkten ab (fast jede Wanne kann so ausgestattet werden), sondern von baulichen Vorgaben: »Whirlen« ist laut und stört die Nachbarn!

Hat man sich im ersten Teil für den Stil eines Bades entschieden, muss dieser auf das eigene Projekt übertragen werden. Wir zeigen im zweiten Teil, wie viel Platz der Mensch im Bad braucht, speziell unter Dachschrägen, und mit welchen baulichen Maßnahmen sich Wanne oder WC versetzen lassen. Wie lassen sich Bäder beheizen und was muss man bei der Beleuchtung berücksichtigen? Welches sind die gebräuchlichsten Oberflächen und deren Vor- und Nachteile?

Im dritten Teil machen wir einen Streifzug durch die Angebote der Sanitärindustrie: Wannen, Duschen, Waschbecken, WCs mit den zugehörigen Armaturen. Wir haben die gängigsten Modelle im Maßstab 1 : 50 in ein Quadrat von 2 m × 2 m eingezeichnet, so ist ein Größenvergleich möglich und der Platzbedarf kann leicht abgelesen werden.

Wir erheben keinen Anspruch auf Vollständigkeit. Eine ausführliche Beratung im Fachgeschäft ist grundsätzlich zu empfehlen. Im Einzelfall muss jedes Bad exakt geplant werden. Und – nicht vergessen – moderne, ungewöhnlich geformte Badewannen muss man Probe liegen, möglichst mit Wasser?!

I
Design

Auf den folgenden Seiten zeigen wir Bäder der verschiedensten Größen und Typen, vom kleinsten Duschbad bis zum Luxus-Badetempel. Wir sind dabei systematisch vorgegangen:

- kleine Bäder von ca. 4 m² mit drei Prototypen, zu denen jeweils vier Varianten vorgestellt werden,
- Duschbäder,
- Altbaubäder mit schlauchartigen Grundrissen,
- mittelgroße Bäder von ca. 7 bis 8 m² mit Wanne und Dusche, drei Prototypen mit je zwei Varianten,
- Bäder unter Dachschrägen,
- Umbauten, Kombination verschiedener Räume,
- Luxusbäder.

1
Kleine Bäder

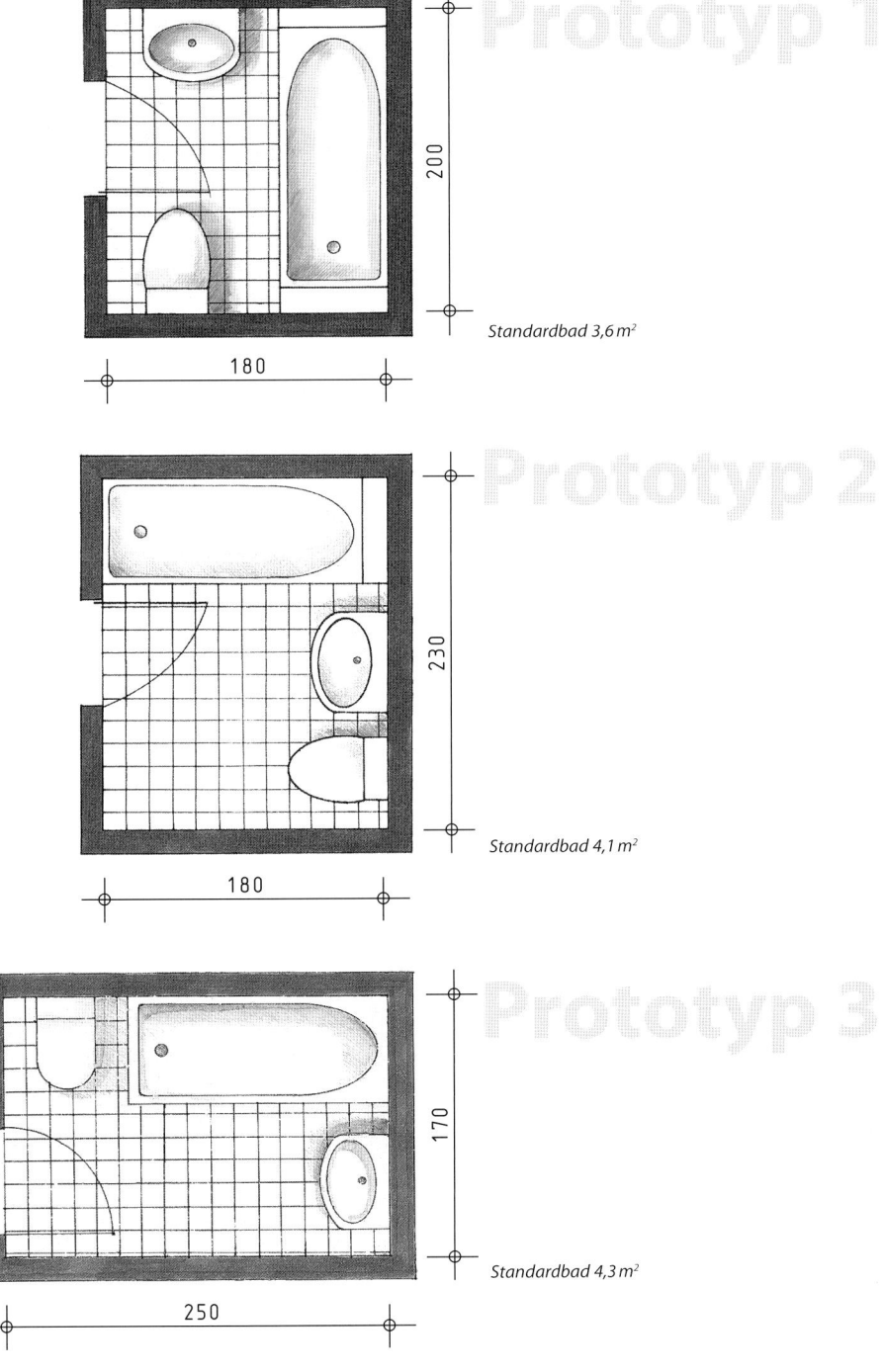

Standardbad 3,6 m²

180

200

Standardbad 4,1 m²

180

230

Standardbad 4,3 m²

250

170

Standardgrundrisse

Der Traum vom Bad heißt für die meisten Deutschen, das sind nach Untersuchungen 80 % der Bevölkerung, eine Nasszelle von ca. 4 m².

Im Wohnungsbau der letzten 45 Jahre finden wir sehr viele genormte Badgrundrisse, also eine immer wiederkehrende Anordnung von Wanne, WC und Waschbecken.

Wir haben uns drei der typischsten Bäder vorgenommen und versucht, für diese kleinen Räume alternative und originellere Lösungen zu finden. Wir zeigen in unseren gezeichneten Entwürfen, wie unterschiedlich man ein und denselben Grundriss möblieren kann.

Kleines Bad
mit Holzkomfort

Prototyp 1,
Version A 3,6 m²

In diesem Badezimmer wurden die Sanitärgegenstände nicht versetzt.

Bei der Renovierung wurden Wanne, Waschbecken und WC nur gegen moderne Modelle ausgetauscht und die Wände in eine edle Holzvertäfelung gehüllt.

Sie besteht aus mit Buche furnierten Sperrholzplatten, die in verschiedenen Tönen lasiert sind und in einem plastisch wirkenden Muster verlegt wurden. Einen besonderen Akzent setzt das breite Gesims als Abschluss zur Decke.

Zu dem warmen Holzton harmonieren weiße Bodenfliesen.

Die Badewanne wurde in eine Ecke geschoben, so gewann man an der Seite des Waschbeckens Platz für ein Regal.

Besonders praktisch ist die verschiebbare Brücke auf der Badewanne.

Es entstand eine sehr wohnliche Atmosphäre, die dem Benutzer allerdings eine gewisse Rücksicht auf die nicht ganz unempfindliche Holzvertäfelung abverlangt.

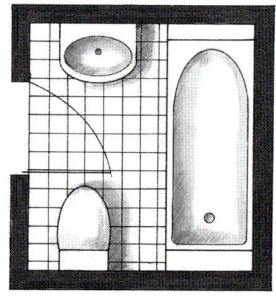

Grundriss
vor dem Umbau

Grundriss nach
dem Umbau

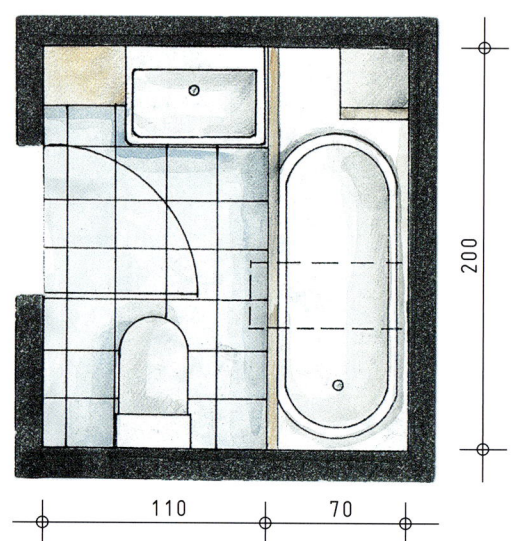

*Kleinstbad in
Luxusausstattung*

Nischen
schaffen Raum

Prototyp 1,
Version B 3,6 m²

Durch das brüstungshohe Abmauern
der Badewanne sind zwei Nischen entstanden, in die das WC und das Waschbecken gerückt wurden. Das Versetzen
des WCs ist nur möglich, wenn das Fallrohr von vornherein in der Wand verlegt war.

Die Glaswand auf der Brüstung
beim WC bietet Spritzschutz beim
Duschen, die Wand beim Waschbecken
dient nur der Symmetrie.

Die Wanne wurde aus der Mitte
gerückt, um eine größere Duschfläche
zu haben. Der WC-Sanitärblock ist ein
Ecksondermodell, ebenso das weiße
Keramikwaschbecken.

Als Ablage dient die zwischen
Fußboden und Decke eingespannte
Stange für Handtücher, an die außerdem schwenkbare Tabletts geschraubt
werden können.

Am Waschbecken gibt es nur einen
kleinen Rasierspiegel, dafür wurde die
Wand mit der Tür total verspiegelt.
Dadurch erscheint der kleine Raum
doppelt so groß.

Glasmosaik in verschiedenen Grün-
tönen wird durch schwarze Streifen
an der Wand akzentuiert. Der dunkle
Boden gibt dem Bad Halt.

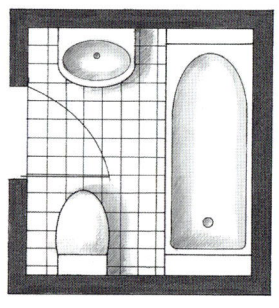

Grundriss vor
dem Umbau

Grundriss nach
dem Umbau

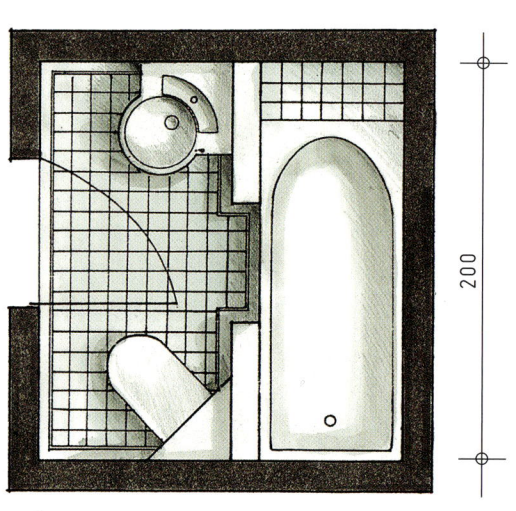

200

180

Bad in grün glänzenden
Fliesen mit Bändern aus
Glasmosaik

Schlichte
Eleganz in
Hell-Dunkel

**Prototyp 1,
Version C 3,6 m²**

Ein Bad, in dem besonders viel Wert
auf Stauraum gelegt wird.

Die Lage von Wanne und WC
wurde ausgetauscht.

Das Verziehen des WC-Rohres war
möglich durch den Freiraum unter der
Wanne und den längsseits laufenden
WC-Sanitärblock.

Über der Vormauerung sind zwei
Regale in die Wand eingelassen.

Zusätzlichen Stauraum bietet das
Waschtischmöbel.

Das Bad ist brüstungshoch weiß
verfliest. Das Möbel in dunklem Holz
und der Spiegel mit dem breiten dunklen Rahmen stehen in angenehmem
Kontrast zu dem hellen Raum.

*Kontrast durch
dunkles Holz*

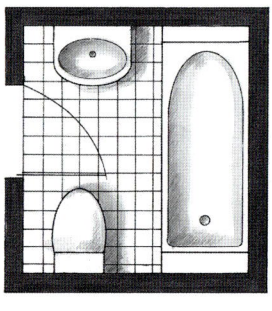

*Grundriss vor
dem Umbau*

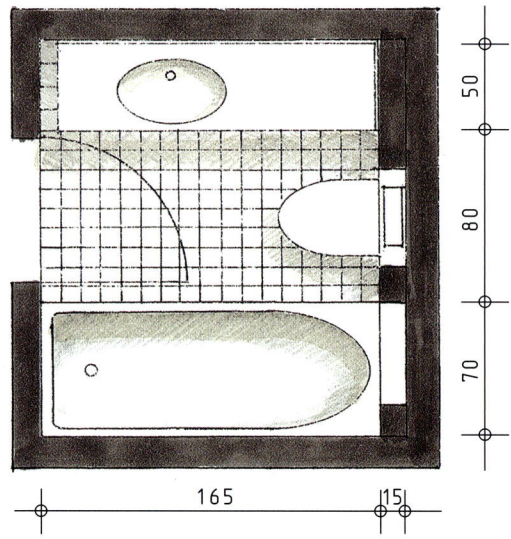

*Grundriss nach
dem Umbau*

Eckbadewanne auf kleinstem Raum

**Prototyp 1,
Version D 3,6 m²**

Die sehr beliebte Eckbadewanne kann selbst in ein solch kleines Bad eingebaut werden, da es Modelle mit besonders kurzer Schenkellänge gibt. An die Seiten der Wanne können Waschtisch und zusätzliche Schränke angebaut werden. Eine
mit feststehenden und beweglichen Flügeln ermöglicht unbeschwertes Duschen.

Der vorgeschlagene Standort für das WC ist ideal; das WC könnte aber bei Umbauschwierigkeiten in der alten Position belassen werden.

Graue und beige Marmorfliesen bilden horizontale Streifen. Die Ablageflächen sind aus hellem Holz. Im Boden wird das Grau der Wand aufgenommen.

Hohe Ästhetik durch verschiedene Grautöne in Marmor

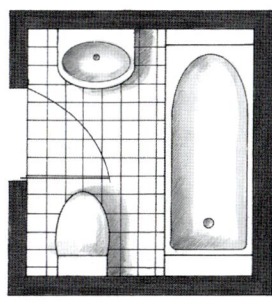

Grundriss vor dem Umbau

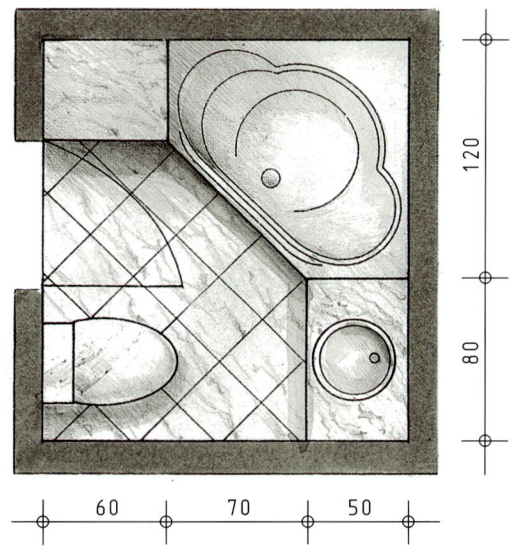

60 | 70 | 50

120

80

Grundriss nach dem Umbau

Ein kleines Bad, geometrisch gestaltet

Prototyp 2,
Version A 4,1 m²

Bei dieser Lösung sind keine Umbauten der Sanitärgegenstände vorgenommen worden.

Das Waschbecken bekam eine Vormauerung von 15 cm, die als schmale Spiegelumrandung nach oben weitergeführt wurde.

Eine Ablage aus schwarzem Granit läuft über die gesamte Breite der Wand.

Grünes Glasmosaik wird nach oben durch ein farblich abweichendes Band in Schwarz und strahlendem Blau begrenzt. Neben dem WC ist die Wand in ganzer Breite verspiegelt. Der schwarz-weiß karierte Fußboden unterstreicht die klare geometrische Gestaltung des Raumes.

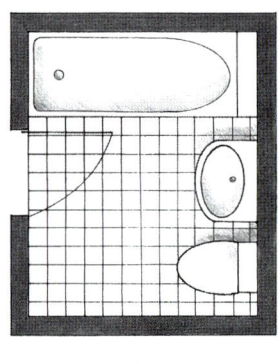

Grundriss vor dem Umbau

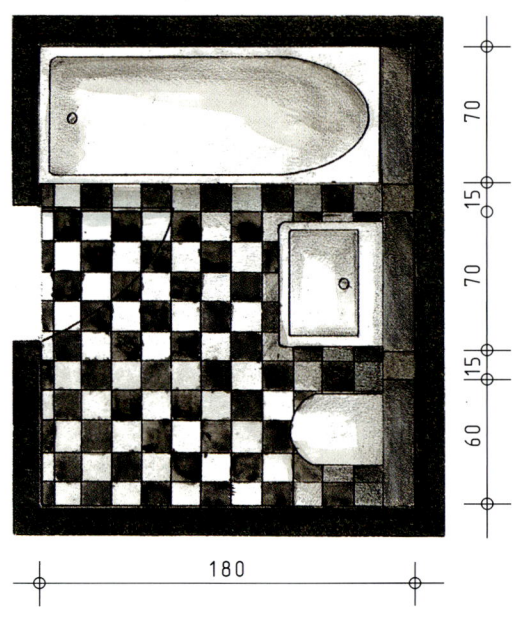

Grundriss nach dem Umbau

*Durchlaufende Ablagen
und Bordüren gliedern
die Wände.*

Mediterranes Raumgefühl durch Cottofliesen

**Prototyp 2,
Version B 4,1 m²**

Durch Badewanne, Waschtisch und Bodenfliesen erhält der Raum eine diagonale Ausrichtung.

Das kleine Keramik-Eckwaschbecken lässt viel Bewegungsfläche.

Cottofliesen am Boden und an der Wand über der Badewanne geben dem Raum ein mediterranes Ambiente. Die übrigen Wandflächen sind mit Fassadenfarbe in hellem Sandton gestrichen und lassen das Bad größer wirken. Die deckenhohe Einmauerung der Wanne dient als Spritzschutz und schafft links Platz für einen Einbauschrank. Rechts wird die Mauer durch einen Spiegel unterbrochen.

Eine Kombination aus Cottofliesen und sandfarbenem Anstrich

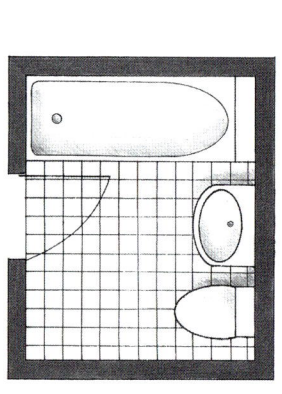

Grundriss vor dem Umbau

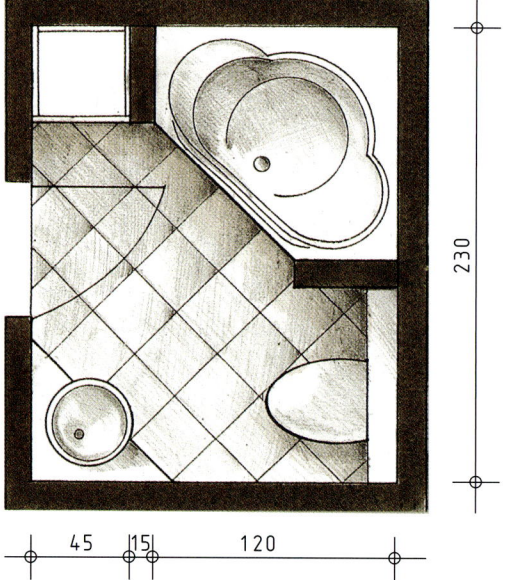

Grundriss nach dem Umbau

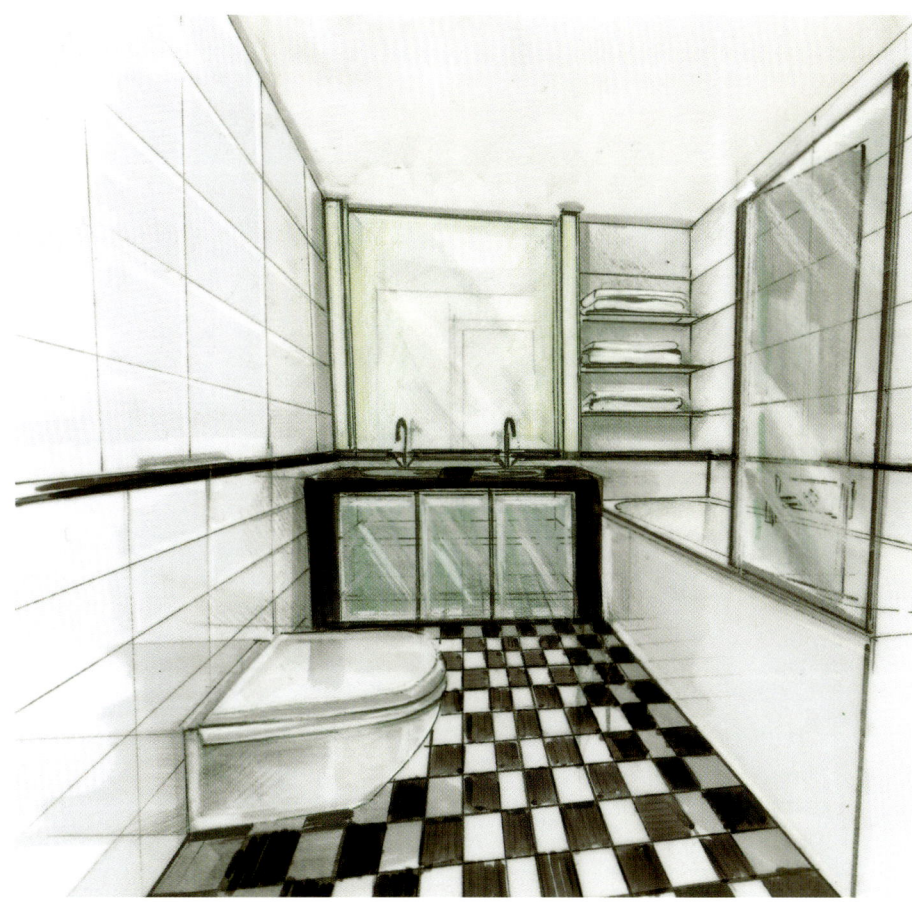

*Funktionales Bad in
Schwarz-Weiß*

Fußboden mit Schachbrett- muster

**Prototyp 2,
Version C 4,1 m²**

Grafisch strenges Bad aus schwarz-weißen Fliesen.

Um für den eingemauerten Doppelwaschtisch Platz zu schaffen, wurde das WC versetzt. Die Abmauerung erlaubt das Verziehen der Leitungen.

Hinter geätzten Glasscheiben versteckte Lichtröhren umrahmen den großen Spiegel und betonen den Waschtisch als Mittelpunkt des Raumes.

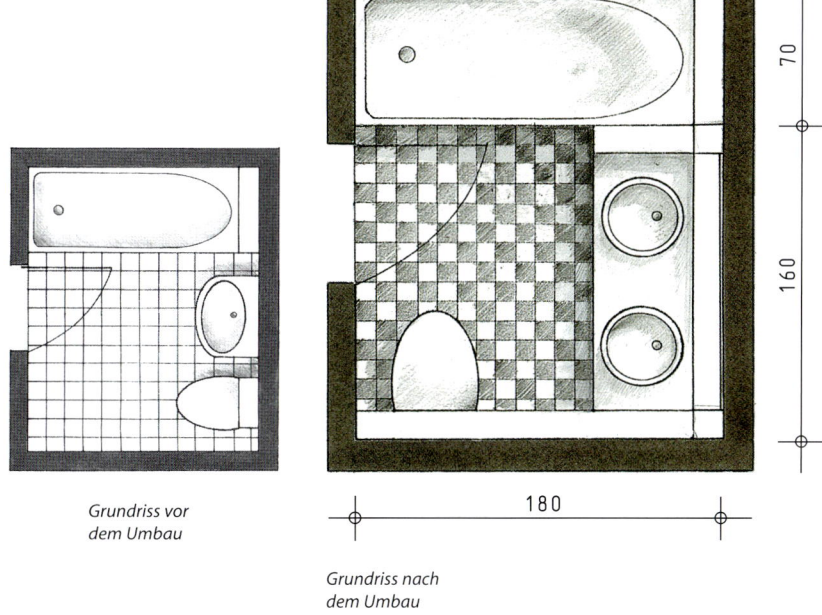

*Grundriss vor
dem Umbau*

180

70

160

*Grundriss nach
dem Umbau*

Kompakt
und
transparent

Prototyp 2,
Version D 4,1 m²

Badewanne und Dusche auf kleinstem Raum. Diese Lösung wird möglich durch die neu entwickelten platzsparenden Objekte der Sanitärhersteller. Die zu der Duschtasse passende Abtrennung aus Glas lässt den Raum trotz der vollen Möblierung transparent erscheinen.

Ein kleines Eckwaschbecken mit Unterschrank lässt genügend Bewegungsfreiheit. Außer im Bereich der Dusche sind die Wände nur bis Brüs-

tungshöhe gefliest, um dem Bad einen wohnlichen, nicht so sterilen Charakter zu geben.

Die im gleichen Schachbrettmuster an Wand und Boden verlegten Fliesen in Rot, Orange und Weiß schließen an der brüstungshoch gefliesten Wand mit einer Dekorleiste ab. Der obere Wandanstrich nimmt, aufgehellt, den Rot-Ton der Fliesen wieder auf. Eine sehr extravagante, warme Atmosphäre für ein kleines Bad.

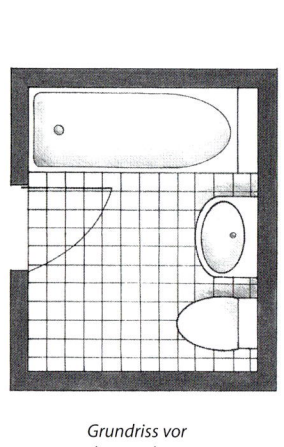

Grundriss vor
dem Umbau

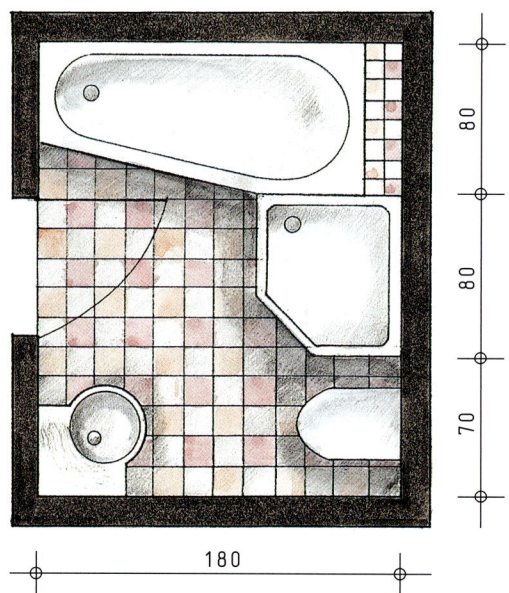

180

80

80

70

Grundriss nach
dem Umbau

*Wanne, Dusche, Wasch-
tisch und WC auf 4,1 m²*

Eine glänzende Idee – Ein »Waschmobil« aus Edelstahl!

Prototyp 3,
Version A 4,3 m²

Das »Waschmobil« aus Edelstahl bietet alle Elemente, die man sich am Waschtisch wünscht: Spiegel, Seifenschalen und Handtuchstangen.

Das Bad wird durch Halogenstrahler beleuchtet, die in die neu abgehängte Decke eingebaut wurden.

Der Platz über dem WC wird durch Hängeschränke aus Spiegel und Edelstahl genutzt.

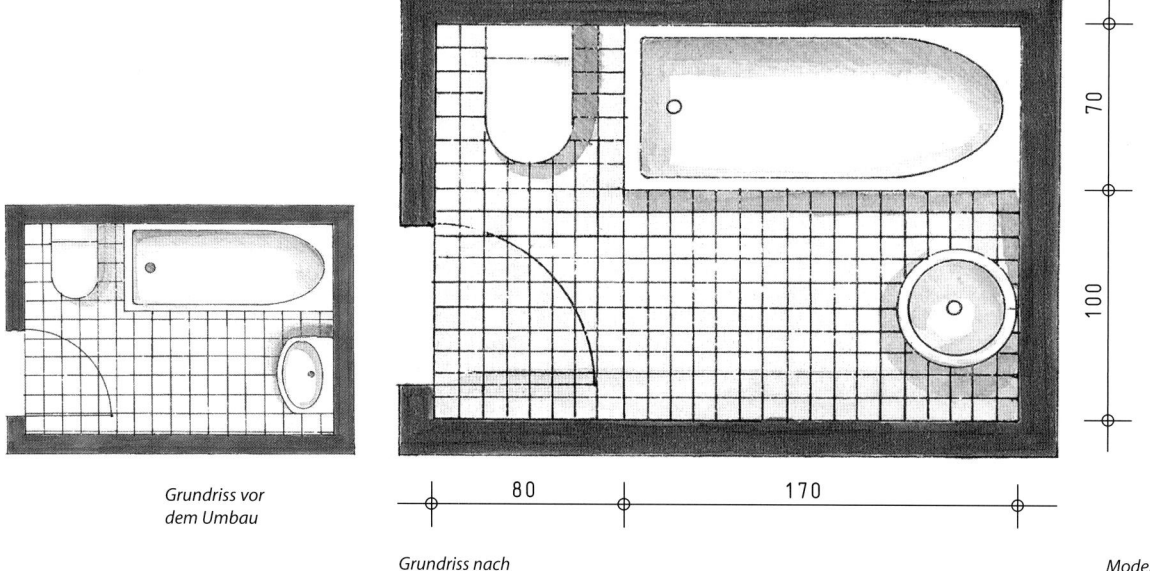

Grundriss vor
dem Umbau

Grundriss nach
dem Umbau

Modernes Waschtisch-
element aus poliertem
Edelstahl

Marmor als Gestaltungs-element

**Prototyp 3,
Version B 4,3 m²**

Eine gute Proportion dieses schmalen Raumes erreicht man durch das Um-stellen der Wanne.

Zwei brüstungshohe Elemente aus Marmorplatten, einmal als Regal, ein-mal als Spülkasten mit Duschwand aus-gebildet, gliedern den Raum.

Anschlüsse für das WC können unter der Badewanne verlegt werden.

Zwei Waschbrunnen sind die beherr-schende Möblierung im vorderen Teil.

Passgenaue Borde hinter den Waschbecken bieten Ablageflächen. Praktisch sind die Handtuchstangen links und rechts an den Waschtisch-säulen.

Jura-Marmor in Gelb für die senk-rechten Flächen und Einbauten wech-selt auf dem Boden mit breiten Streifen desselben Materials in grauem Farbton.

Jura-Marmor, Stahl und Glas sind das Material für ein kleines feines Bad.

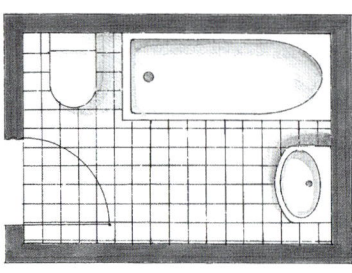

Grundriss vor dem Umbau

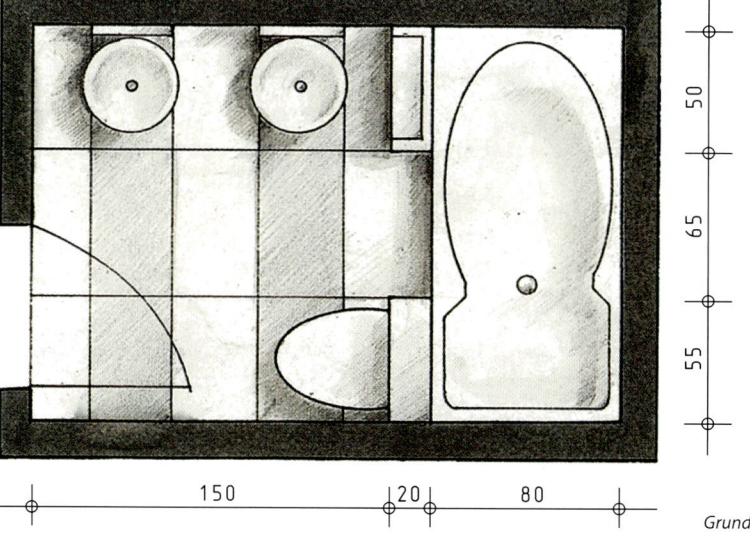

Grundriss nach dem Umbau

Holz und Fliesen dominieren

Prototyp 3,
Version C 4,3 m²

Das halb eingebaute Waschbecken wird links und rechts durch raumhohe Schränke begrenzt. Eine Glaswand mit Holzrahmen dient als Spritzschutz.

Helles Holz und das Hellgrau der Fliesen geben eine ruhige Atmosphäre und lassen das Bad groß erscheinen.

Schrägen für dynamisches Raumgefühl

Prototyp 3,
Version D 4,3 m²

Eine schräg angesetzte, beleuchtete Stufe unterteilt das Bad in zwei Ebenen. Die abgeschrägte Badewanne als Rückwand für den WC-Spülkasten und ein Waschtisch aus dreieckigen geätzten Glasplatten setzen diese Linie fort. Edelstahlprofile halten weiße Kunststoffpaneele und Spiegel. Die adäquate Ergänzung: der schwarze Gumminoppenboden.

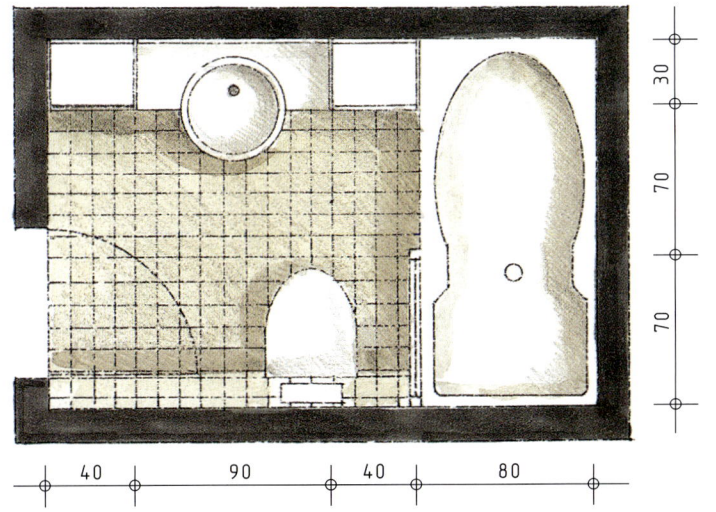

Grundriss zum
abgebildeten Bad

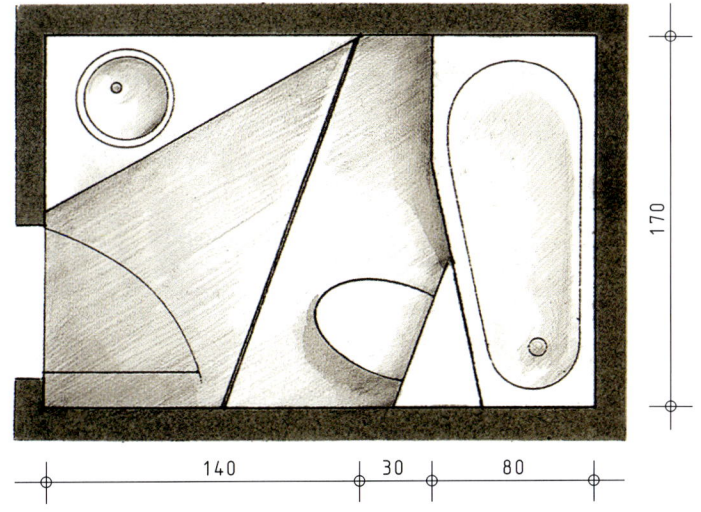

Grundriss zum
abgebildeten Bad

Großzügige Holz-
einbauten

Dekonstruktivismus
im Bad

Individuelle Grundrisse

Zwei Lösungen für einen Grundriss

Zwei Bäder mit 4,3 m²

Beide Bäder haben die gleiche Größe, einziger Unterschied: Die Tür liegt einmal an der Längs-, einmal an der Querseite des Raumes. In beiden Fällen wurde die Wanne an der Schmalseite eingebaut, so dass eine fast quadratische Fläche übrig bleibt.

Beidseitige, symmetrische Abmauerungen bieten Platz für Installationen. In der Mitte erleichtert eine Stufe den Einstieg in die Wanne.

Bei der Möblierung des ersten Bades muss die Tür an der langen Wand nach außen aufgehen, wegen des wandbreiten Waschbeckens mit großer Ablage. Der Vorteil dieser Lösung: großzügiger Waschtisch und der Luxus eines Bidets.

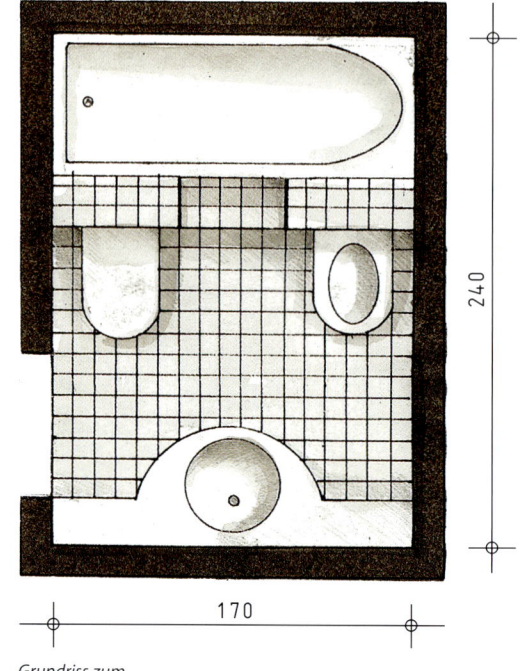

240

170

Grundriss zum abgebildeten Bad

Abgemauerte Sanitärblöcke ermöglichen den Luxus von WC und zusätzlichem Bidet.

Glänzende Edelstahl-
becken und Spiegel
lassen den Raum größer
wirken.

Bei der zweiten Lösung kann die Tür nach innen aufgehen, das WC ist in die tote Ecke gerückt worden, an den Vormauerungen der Wanne stehen zwei Waschtische.

Die erste Lösung, zeitlos in weißen Fliesen überdauert jede Modeströmung, ohne etwas von ihrer wohltuenden Klarheit zu verlieren.

Das zweite Bad ist türhoch mit Granitträgerplatten verkleidet. Den oberen Abschluss bilden Spiegel, die den Raum optisch erweitern, Edelstahlbecken und schwarzer Marmor verleihen dem Bad kühle Eleganz.

Je nach Vorlieben, d. h. dem Wunsch nach einem Bidet oder nach zwei Waschbecken, sind beide Lösungen eine Optimierung dieses kleinen Raumes.

Grundriss zum
abgebildeten Bad

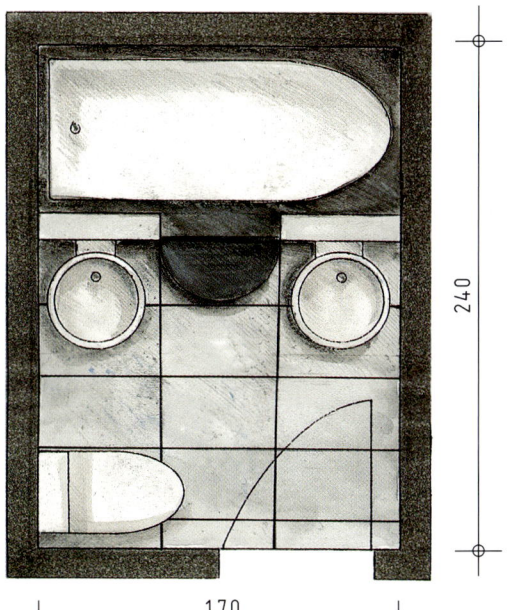

240

170

2
Duschbäder

In vielen Wohnungen ist neben dem großen Familienbad noch ein zweiter Sanitärraum vorhanden, häufig so klein, dass er nur als Gästetoilette genutzt wird. Oft besteht jedoch die Möglichkeit, eventuell durch nur geringe Umbauten, die Toilette zum Duschbad zu machen.

In anderen Fällen ziehen es die Bewohner vor, ein enges Bad in eine großzügige Dusche zu verwandeln.

Den Mangel an Raum versucht man durch besonders kostbares Material auszugleichen. Lichtführung und Verspiegelungen täuschen Weiträumigkeit vor.

Dusche mit Eckwaschbecken

In einen Raum von ca. 2,5 m² wurden Dusche, WC und ein großzügiger Waschtisch mit Unterschrank einge-baut. Das Podest schafft mit der Dusche einen Raum, der durch eine Glastür abgeschlossen ist.

Die übereck angebrachte Verspie-gelung am Waschtisch bewirkt eine kaleidoskopartige Reflektierung des winzigen Raumes.

Unendliche Spiegelun-gen am Waschtisch

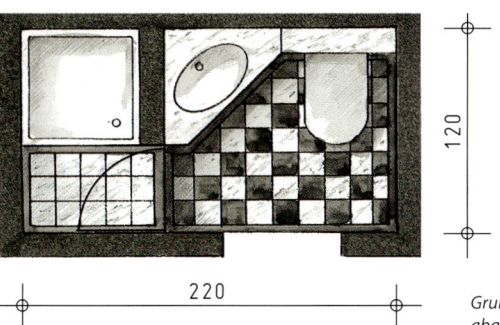

220

Grundriss zum abgebildeten Bad

Das Beste für Gäste – die Gästedusche

Der Fußboden wirkt durch ein aus-drucksvolles klassizistisches Muster aus schwarzem, weißem und graublauem Naturstein. Er findet seine Entspre-chung in dem kostbaren Waschtischein-bau. Die ovale Form setzt im Raum den besonderen Akzent.

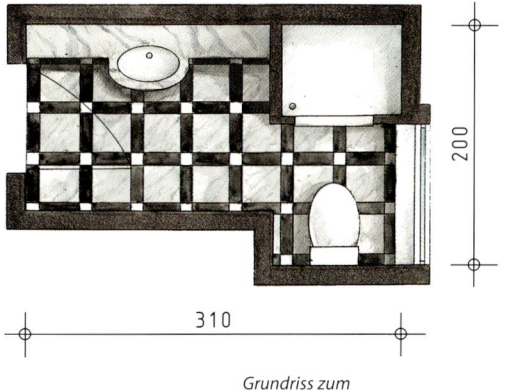

200

310

Grundriss zum abgebildeten Bad

Ein Ambiente aus der Zeit um 1900

Ein runder Duschtempel mit transparentem Dach

Bei dieser kleinen Gästetoilette bestand die Möglichkeit, von einem anschließenden Raum eine halbkreisförmige Dusche abzutrennen.

Unterschiedliche Materialien betonen die Eigenständigkeit des Duschraumes. Das Glasmosaik passt sich der Rundung an und betont durch die horizontalen Streifen die Form. Die Lichtdecke unterstreicht den ungewöhnlichen Grundriss.

*Schmeichelndes Licht
durch die gläserne Decke*

*Feinste Materialien für
das kleine Duschbad*

*Grundriss zum
abgebildeten Bad*

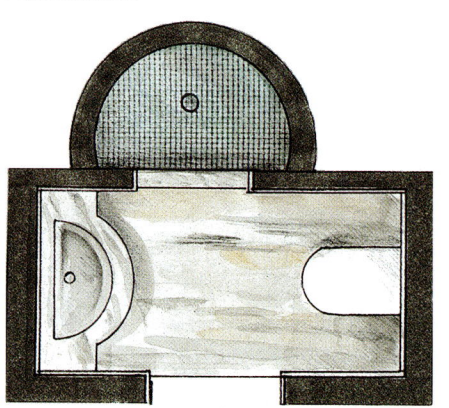

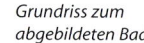

180

Dunkelblaue Punkte beleben das helle Mosaik

Wie ein Altar wirkt der extravagante Waschtisch in der halbrunden Nische.

Die Abmauerung dient als Spritzschutz für die dahinter liegende Dusche.

Große weiße Marmorplatten stehen in Kontrast zu dem hellblauen Glasmosaik mit unregelmäßigen dunkelblauen Einstreuungen.

Grundriss zum abgebildeten Bad

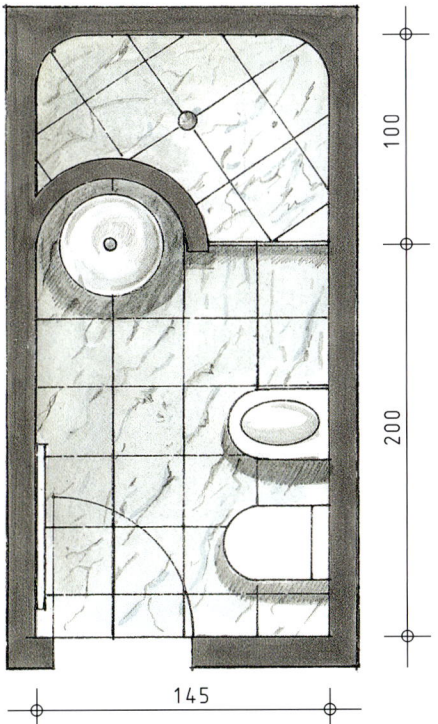

Waschtisch im Halbkreis

Schwungvoll – fröhliches Dusch-Ambiente

Die neue Lösung nach dem Umbau zieht aus den ehemals problematischen architektonischen Gegebenheiten positiven Nutzen:

Die Seitenwand des Installationsschachtes wurde verlängert, trennt das WC vom übrigen Raum und bildet die Ecke der Dusche. Unter die Fenster wurde von Wand zu Wand ein Waschtisch mit Schränken und Regalen eingebaut. Die Wand zwischen Tür und Waschtisch ist voll verspiegelt.

Eine schwungvolle Linie trennt das Bad in zwei Bereiche: WC und Dusche in kühlen Farben, am Boden blaues Linoleum, an den Wänden fröhlich gemusterte Laminatplatten. Im Bereich um das Waschbecken liegt Holzboden aus Buche. Aus dem gleichen Material wurde auch der Einbau gefertigt.

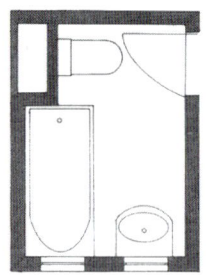

Grundriss vor dem Umbau

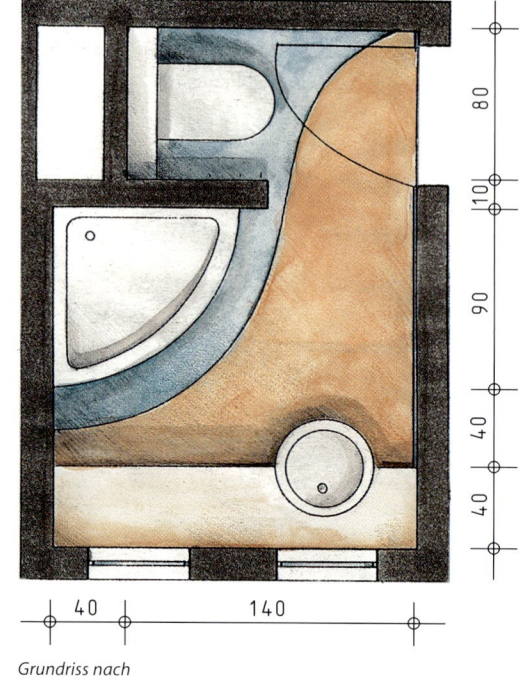

Grundriss nach dem Umbau

Das lebhafte, schwungvolle Design verbreitet gute Laune.

Großzügig auf allen Ebenen

Der Wunsch nach großzügiger Raumgestaltung führte zum Verzicht auf eine Wanne und zur Installation von zwei Waschtischen, getrennt durch eine massive Wand.

Das WC wurde an die Längswand neben dem Fenster verlegt, Vorwandinstallation und Heizkörperverkleidung verdecken die Anschlüsse.

Im Duschbereich betont ein Podest die Einheit zwischen der breiten Nische und dem integrierten Wandregal, das den Sanitärschacht verdeckt.

Zermahlener Granit, zu großformatigem Kunststein verarbeitet, verleiht dem Raum seinen besonderen Reiz.

Ein »Duschraum« ist entstanden.

Grundriss nach dem Umbau

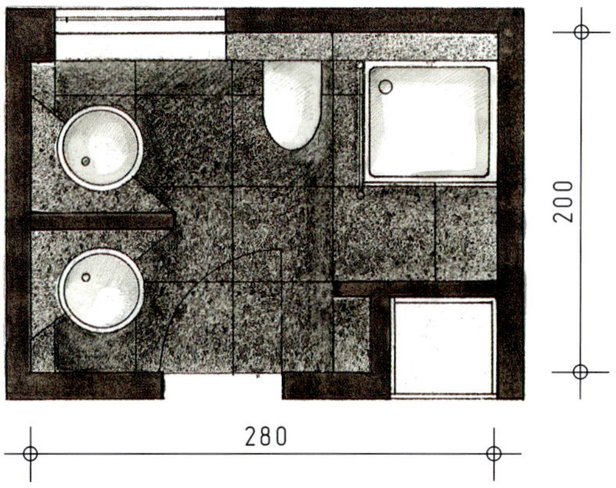

200

280

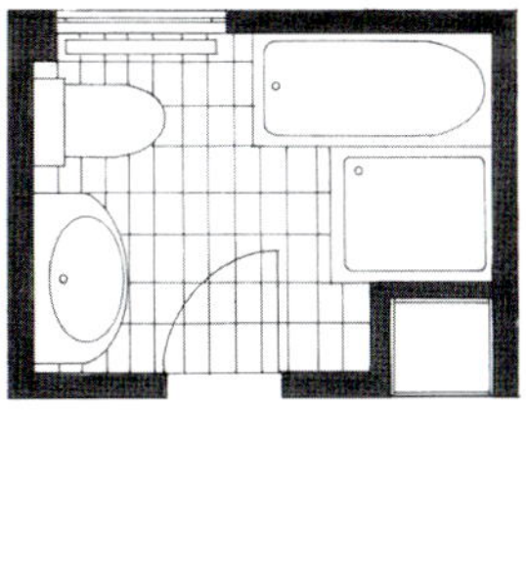

Grundriss vor dem Umbau

3
Lange schmale Bäder

Lange schmale Räume finden wir in Altbauten, wo für Bäder oft ungünstig geschnittene Restflächen vorgesehen waren.

Das WC ist meist ein schlauchartiger Raum, dessen Tür und Fenster an den Schmalseiten liegen. Man versucht heute, selbst solche Räume zum Bad umzubauen, oder man plant, mehrere kleine Räume zu einem großen zusammenzufassen. Immer besteht das Problem, die unterschiedlichen Funktionen unterzubringen und die Raumproportionen zu verbessern.

Durch die Dusche
zum WC

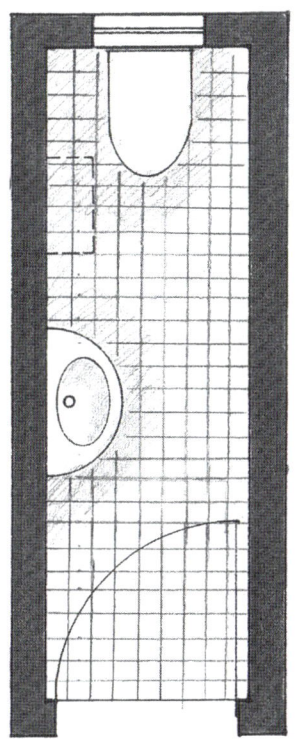

*Grundriss vor
dem Umbau*

*Grundriss nach
dem Umbau*

Es ist tatsächlich möglich, in ein schlauchförmiges WC mit
Tür und Fenster an den Schmalseiten ein Duschbad unterzubringen: Man muss eben durch die Dusche zum WC.

Im Einzelfall muss der ganze Fußboden etwas angehoben
werden, um über einer gefliesten Aussparung für den Abfluss
den niveaugleichen Einbau eines Holzrostes zu ermöglichen.
Damit kann auch Platz für eine Fußbodenheizung geschaffen
werden. Vorhänge aus wasserfesten Stoffen grenzen den
Duschbereich nach beiden Seiten ab. In seltenen Fällen ist
genügend Platz für eine schwenkbare Glasabtrennung.

Im vorliegenden Beispiel wurden die Wände brüs-
tungshoch, im Bereich der Dusche jedoch türhoch gefliest.
Die dadurch entstehende senkrechte Unterbrechung der
Wand verkürzt optisch den Raum.

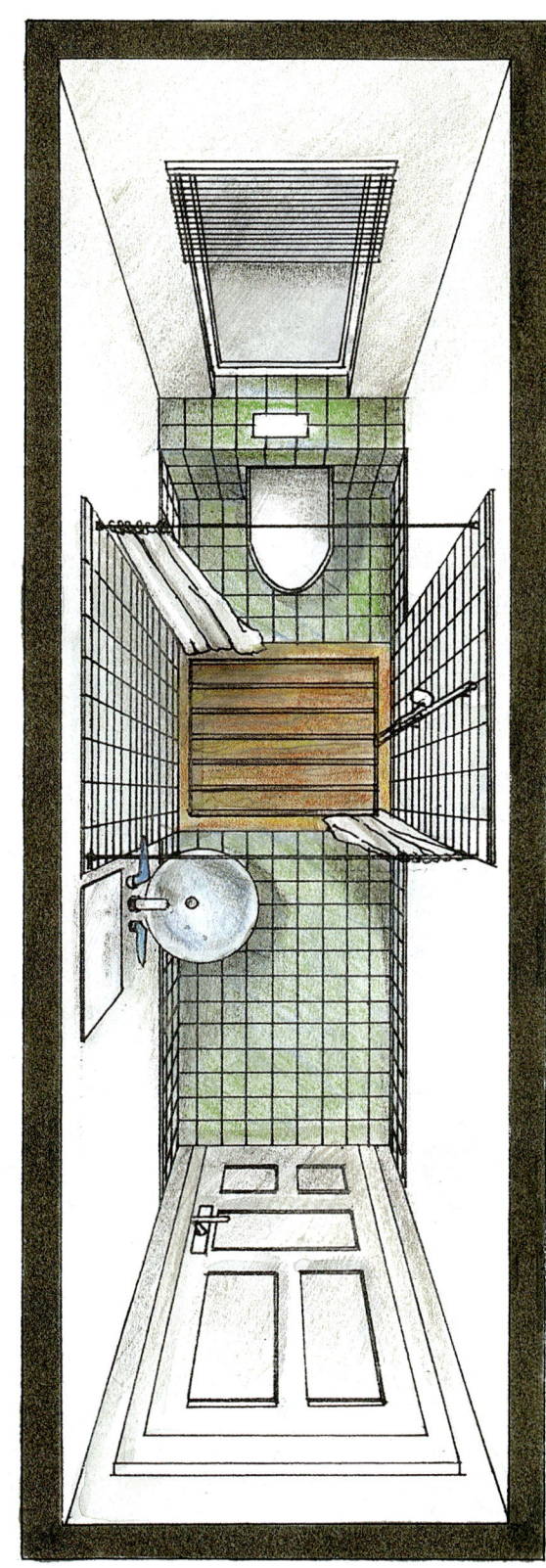

*Blick von oben
in den Raum*

Blick über die Wanne

Die Kurzwanne fürs schmale Bad

Auch in sehr schmalen Bädern ist es möglich, eine Badewanne einzubauen, da neue Kurzmodelle angeboten werden, die speziell zum Diagonal-Einbau gedacht sind. Die gezeigte Wanne hat eine ebene Standfläche zum Duschen. Eine dreieckige Abmauerung an der Wand betont den schrägen Einbau und bietet Platz für die Armaturen.

Waschbecken und WC und ein eingemauertes Regal an den Längswänden lassen minimalen, aber ausreichenden Bewegungsraum.

Klares Design in klaren Farben und senkrechte Linien verkürzen den Raum.

Blick auf Waschbecken und WC

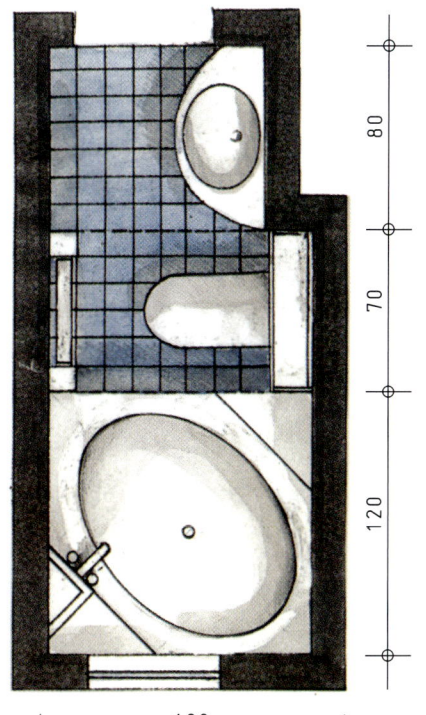

Grundriss zum abgebildeten Bad

80

70

120

120

Weiß, Grau und Natur-
töne geben dem Bad
Noblesse.

Viel Platz für
klare Linien

Das 190 cm breite Bad wird durch
seine Länge von 400 cm zum Luxusbad. Die noble Materialwahl: Holzboden, graues Mosaik und weiße Wände
unterstreichen die ruhige Atmosphäre.
Durch Vormauerung ergeben sich
Nischen über den Waschbecken und
über WC und Bidet.

Ein Schornsteinvorsprung wurde für
ein schmales Regal neben der Dusche
genutzt.

Praktisches Detail im
Wandvorsprung

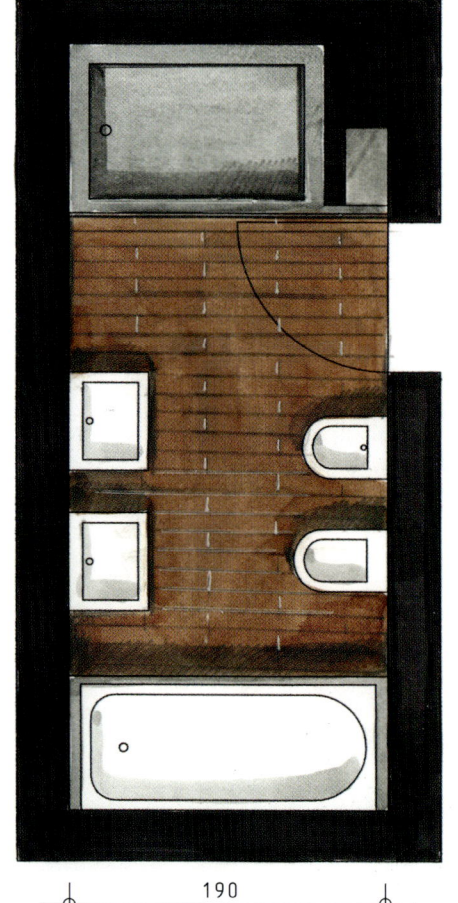

190

400

Grundriss zum
abgebildeten Bad

Prachtvoll auf allen Ebenen

Die optische Verkürzung wird hier durch die Höhenentwicklung der einzelnen Zonen erreicht. Indirekte Beleuchtung betont zusätzlich die Stufen und bringt den warmen Farbton des Marmors voll zur Geltung. Auch die abgehängte Decke stuft sich nach hinten ab. Helle Fliesen bilden einen ruhigen Hintergrund für die kupferfarbenen Säulen, die den Waschtisch tragen und eine Verbindung zwischen Boden und Decke schaffen.

Edle Materialien in warmen Farben machen das Bad wohnlich.

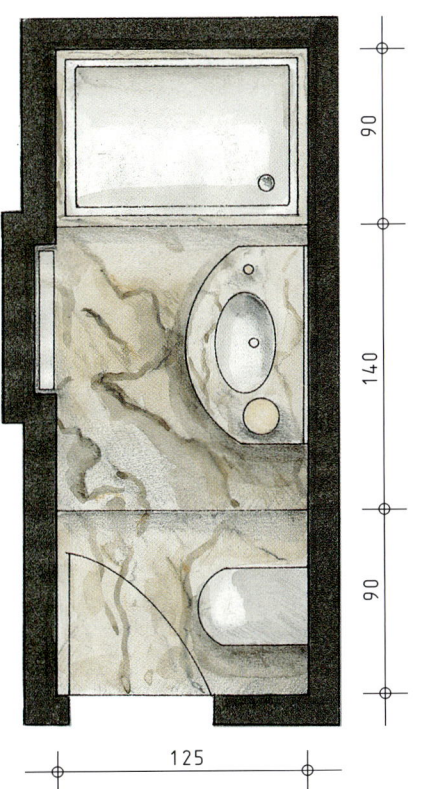

90

140

90

125

Grundriss zum abgebildeten Bad

Großes Bad –
klar gegliedert

Ein großes Bad im Altbau mit ungüns-
tiger Möblierung soll modernisiert werden. Bei einer Breite von 1,70 m kann
die Badewanne quer vor das Fenster
gestellt werden, die Länge des Raumes
wird dadurch optisch verkürzt. Dafür
muss man die übrigen Sanitärgegenstände versetzen. Ein Podest für Badewanne und Dusche und abgemauerte
Schächte ermöglichen das Verziehen
der Leitungen fürs WC und den Einbau
eines Wandspülkastens. Im vorderen
Bereich bilden der breite Einbauwasch-
tisch und die anschließenden Regale
mit der gegenüberliegenden Wand
einen symmetrischen Aufbau. Große
Spiegel vis à vis erweitern den Raum
ins Unendliche.

Als Kontrast zu den Bodendielen in
einem warmen Holzton sind alle anderen Flächen in Weiß gehalten: verputzte
Wände mit wasserfestem Anstrich,
offenporig lackiertes Holz für die Einbauten und Kunststein für die Abdeck-
platten.

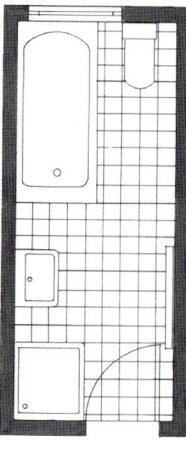

*Grundriss vor
dem Umbau*

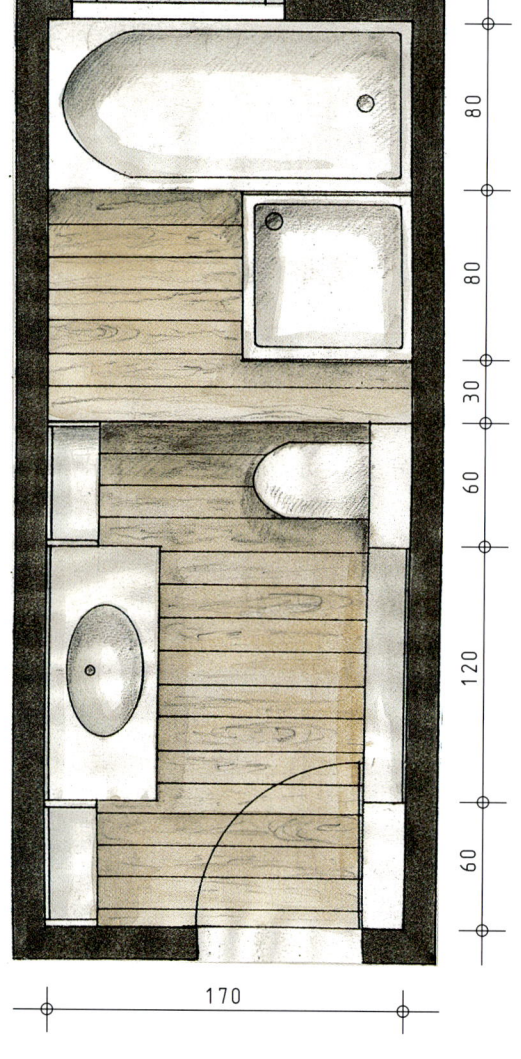

*Grundriss nach
dem Umbau*

*Gute Proportionen
nach dem Umbau*

Großzügige Raumaufteilung mit wohnlichem Flair

Dieses Bad hat von den langen schmalen Grundrissen der bisherigen Beispiele nur noch die Proportionen. Aber auch in dem großen Raum muss man versuchen, die extreme Länge zu unterbrechen. Das wird erreicht durch deckenhohe Raumteiler, die konsequent an einer Längswand aufgereiht sind und die einzelnen Bereiche trennen. Der Vorraum zur Dusche bildet durch beidseitig eingebaute Regale einen Durchgang, der den schmalen Bereich geschickt abteilt. Hinter dem Doppelwaschtisch und der Badewanne sind die Rückwände ganz verspiegelt, so dass das Bad an dieser Stelle doppelt so breit wirkt und der Eindruck eines zentralen Raumteiles entsteht.

Für die vertikal und horizontal bestimmenden Einbauten wurde grauer brasilianischer Granit verwendet, der mit Intarsien aus dem hellen Marmor der Wände geschmückt ist. Im Bodenbelag markieren helle Streifen die Unterteilung des Raumes.

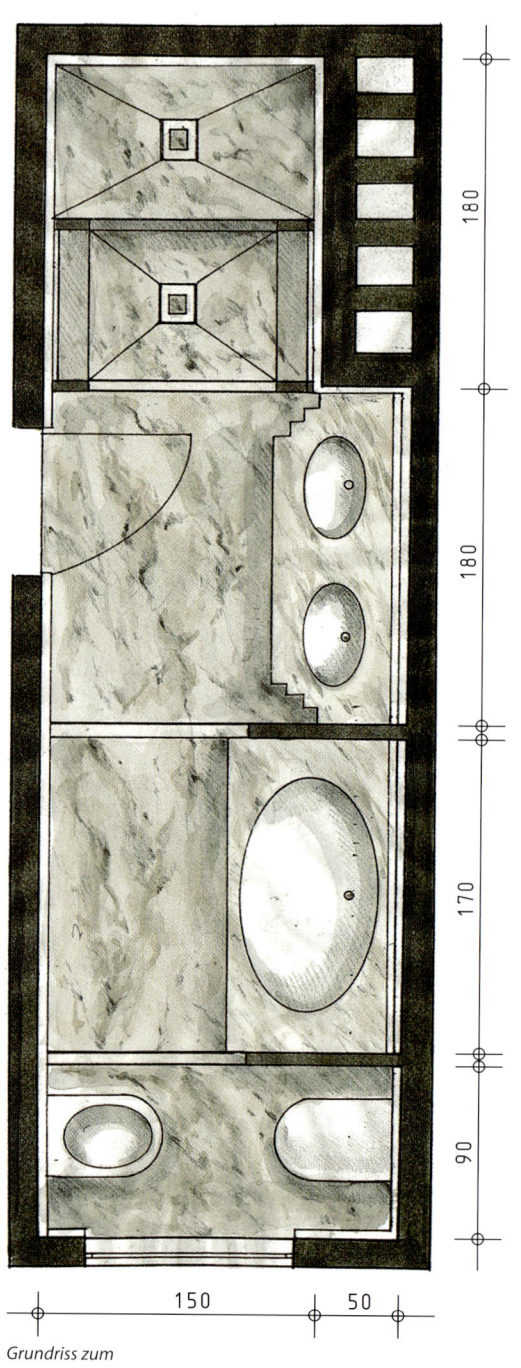

Grundriss zum abgebildeten Bad

Aufwendige Steinmetzarbeiten unterstreichen die Schönheit des Materials.

4

Mittelgroße Bäder
mit Wanne und Dusche

Standardgrundrisse

Wir wollen für die verschiedensten Standardgrundrisse Möglichkeiten zeigen, die oft langweilige Einrichtung mit modernen Mitteln zu verändern.

Oft ist die ursprüngliche Möblierung gar nicht so schlecht. Trotzdem besteht der Wunsch, etwas daran zu ändern, sei es, dass die Fliesen altmodisch sind, sei es, dass man alles einfach wieder neu, sauber und appetitlich haben möchte. Oder man lässt sich von Zeitschriften und den Ausstellungen des Sanitärhandels verführen seiner Umgebung eine neue Optik zu verpassen.

Wanne und Dusche wurden früher phantasielos an der Wand aufgereiht oder in die Ecke gestellt. Das war oft nicht anders zu lösen, da es nur genormte Sanitärgegenstände gab. Die Lage des WCs war durch den Abflussstrang über alle Stockwerke eines Hauses festgelegt und durch den vorgegebenen Bodenanschluss war ein Umsetzen nicht möglich.

Auch die Lage der Fenster, soweit vorhanden, beeinflusste die Einrichtung, da im Normalfall der Heizkörper darunter eingebaut war. Moderne Fußbodenheizung und Innenbelüftung lassen uns bei der Neuplanung freie Hand auch den Raum vor dem Fenster zu nutzen.

Unsere drei Beispiele haben jeweils eine Grundfläche von ca. 8 m². Die unterschiedlichen Proportionen bewirken erstaunlich vielfältige Entwürfe für die einzelnen Grundrisse.

Prototyp 1: 7,2 m²

Prototyp 1

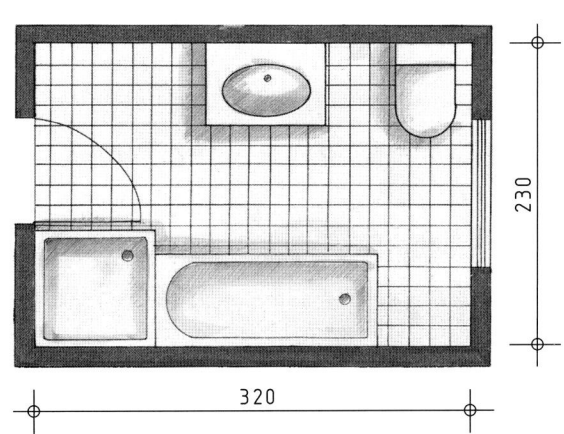

200

360

Prototyp 2: 7,4 m²

Prototyp 2

230

320

Prototyp 3: 8,1 m²

Prototyp 3

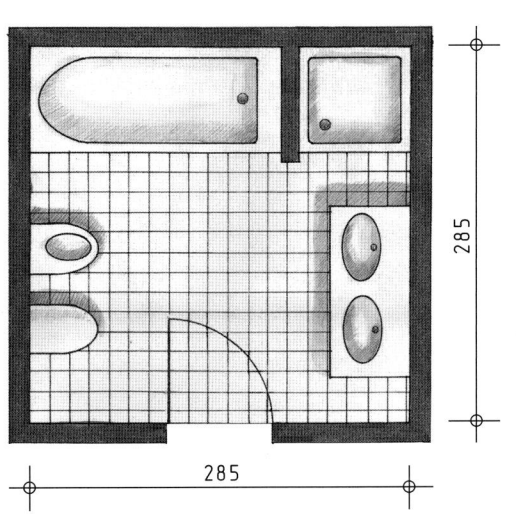

285

285

Praktisch:
das Oberlicht

Prototyp 1, Version A

Der längliche, fast symmetrische Grundriss wird in zwei Funktionszonen aufgeteilt: links Badewanne und Dusche, rechts Waschtisch und WC.

Die Wanne ist an ihrem Platz geblieben. Die Dusche wurde neben die Wanne gesetzt und wird durch Glaswände abgeteilt. So hat man auch Spritzschutz beim Duschen in der Wanne.

Tageslicht bekommt das Bad durch Oberlichtfenster. Die Wände sind mit Spiegeln und Natursteinplatten unterteilt.

Heller und dunkler Travertin sind das vorherrschende Material. Der dunkle Boden wird durch einen hellen Streifen gegliedert.

Die beiden Waschbecken sind übereck angeordnet. Durch den versetzten Einbau entsteht viel Ablagefläche, Stauraum gibt es in den Unterschränken.

Leuchtröhren und eine abgehängte Lichtdecke sorgen für gute Beleuchtung.

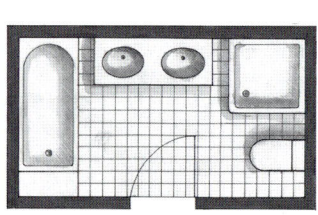

Grundriss vor dem Umbau

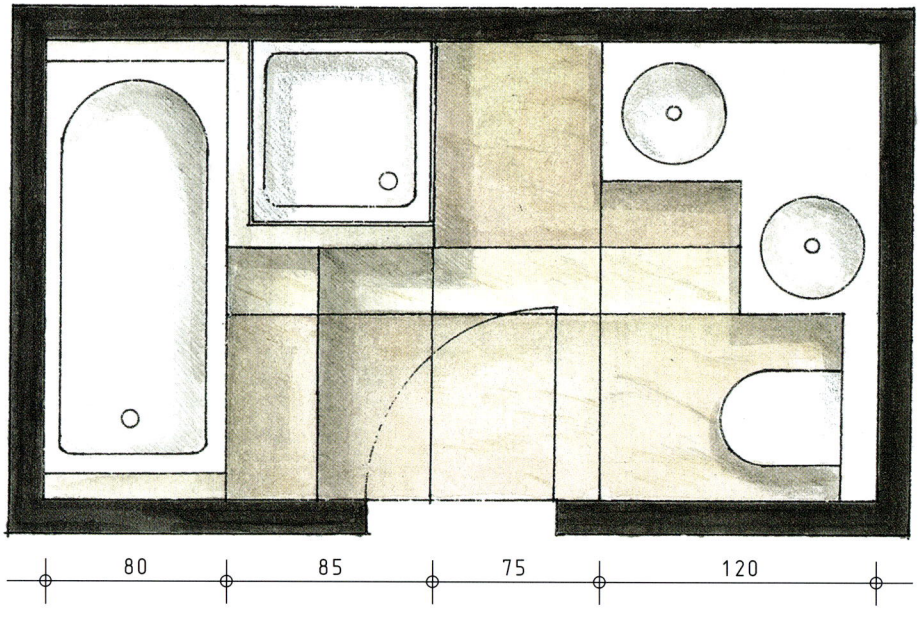

Grundriss nach dem Umbau

80   85   75   120

*Travertin in
zwei Farbtönen*

*Travertin in zwei Farben
und viel Spiegelfäche
schaffen das Ambiente
für ein großzügig wirken-
des Bad.*

Nostalgie in
Szene gesetzt

Prototyp 1, Version B

Die Symmetrie des Raumes wird durch die Anordnung der Waschbecken und der Badewanne besonders betont. Dusche und WC stehen unauffällig und rein funktional in den Ecken. Die ganze Aufmerksamkeit gilt der nostalgischen Inszenierung: Die freistehende Wanne auf geschwungenen Füßen und die hochgeständerten Waschtische aus verchromtem Stahlrohr erinnern an

Zeiten, als solches Design Ausdruck höchsten technischen Fortschritts war.

Auch der Fliesenbelag unterstreicht den Stil der Zeit um 1900.

Das Weiß und Grün des karierten Bodens wiederholt sich an der schwarz eingefassten Abschlussborte der brüstungshohen weißen Wandverkleidung.

Die Pendelleuchte in der Mitte des Bades betont die Nostalgie des gesamten Ambientes.

Der Waschtisch, eine Mischung aus Hightech und »guter alter Zeit«

Grundriss vor dem Umbau

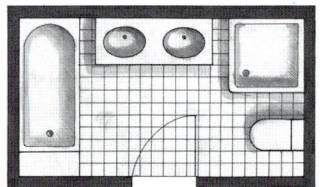

Grundriss nach dem Umbau

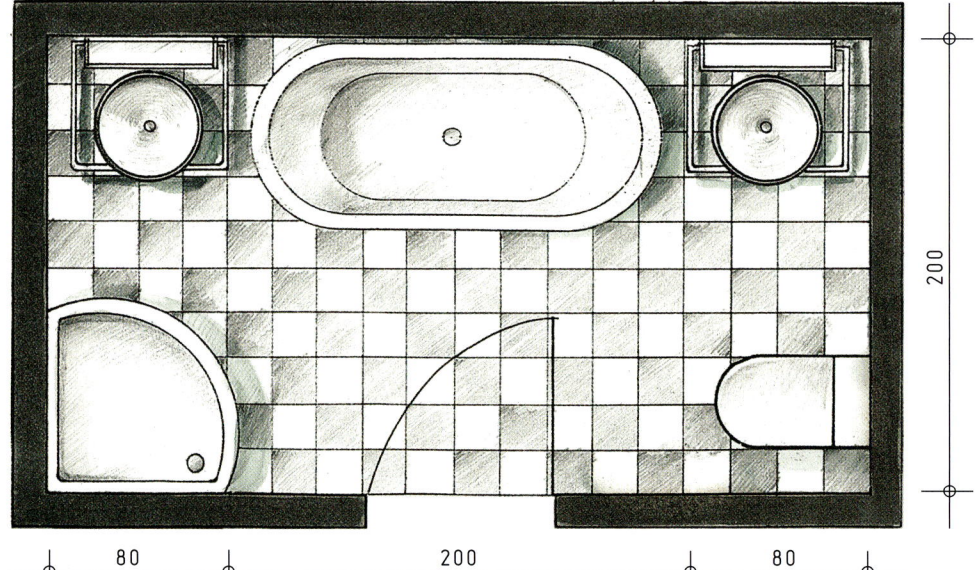

80   200   80

200

Bad mit freistehender
Wanne und Wasch-
tischen im Stil der
Jahrhundertwende

Fliesenfarben

Kombination von braunen und blauen Oberflächen

Prototyp 2, Version A

Der lang gestreckte Grundriss mit Tür und Fenster an den Schmalseiten hatte die übliche Einrichtung: alles an den Längswänden aufgereiht.

Wie so oft, bietet sich auch hier an, die Wanne quer vor das Fenster zu stellen. Das WC muss versetzt werden. Die dafür nötige Abmauerung wiederholt sich an der gegenüberliegenden Seite und bildet mit der eingemauerten Treppe in der Mitte die Auflage für zwei Waschtische.

Die hohen Spiegel an Scharnieren trennen die Wanne optisch ab. Der Boden, die Treppe und die Verkleidung um die Wanne sind in Kunststein ausgeführt. Die Vormauerungen und die Fläche um die Waschbecken sind aus Holz. Oberflächen kann man heute absolut wasserfest versiegeln. Die Spannung zwischen dem kühlen Blau und dem warmen Holzton geben dem strengen Aufbau des Bades Wohnlichkeit.

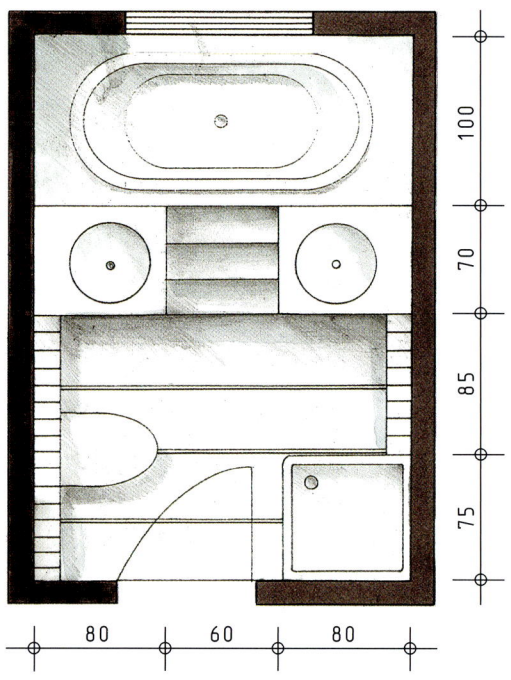

Grundriss nach
dem Umbau

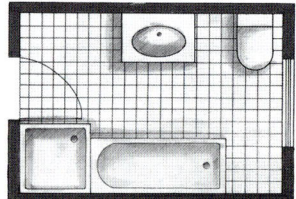

Grundriss vor
dem Umbau

*Wand- und Boden-
flächen*

*Streng geometrischer
Aufbau mit Holz und
blauen Kunststeinplatten*

Sanft geschwungene Kurven bestimmen das Bad

Prototyp 2, Version B

Im Gegensatz zur strengen Lösung der vorigen Seiten gibt es in diesem Bad nur organische Formen. Ausgangspunkt ist die Badewanne, die sich aus der Ecke diagonal in den Raum schiebt. Diese weiche Form muss in der Bodengestaltung aufgefangen werden. Eine geschwungene Stufe bildet das Podest, das die sanitären Umbauten ermöglicht. Der Belag aus kleinformatigem Glasmosaik passt sich jeder Rundung an. Waschbecken, Dusche und WC stammen aus Sanitärserien, die dem Prinzip der runden Form folgen. Ab Brüstungshöhe sind die Wände verspiegelt, zur Dusche hin steigt der Fliesenbelag in einer sanften Kurve türhoch an.

   Die frischen Farben des Mosaiks entsprechen der heiter-verspielten Formensprache.

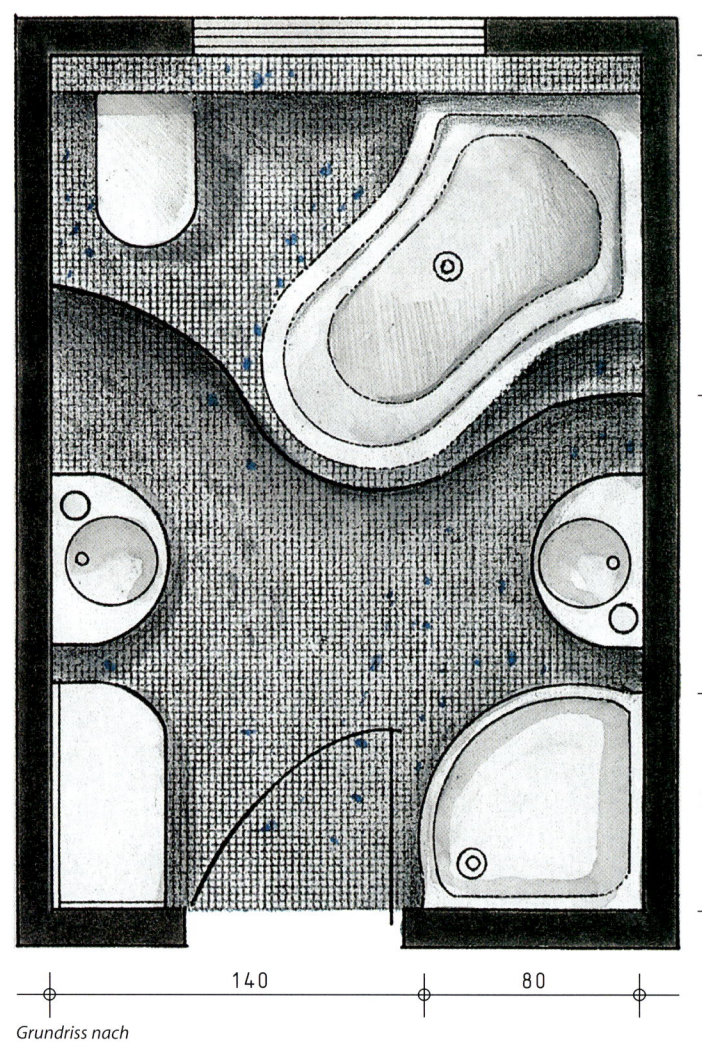

Grundriss nach dem Umbau

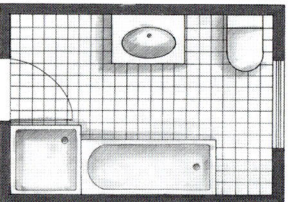

Grundriss vor dem Umbau

*Weiche, organische
Formen in einem Bad aus
buntem Glasmosaik*

*Wand- und Bodenbelag
aus buntem Glasmosaik*

Das Highlight –
der freistehende
Badezuber

Prototyp 3, Version A

Der quadratische Grundriss hat im
Verhältnis zum Umfang die größtmög-
liche Grundfläche. Deshalb bietet es
sich an, bestimmte Funktionsbereiche
in die Mitte des Raumes zu legen. Das
Besondere an unserer Lösung ist die
frei im Raum stehende Wanne. Sie
bestimmt das Ambiente des Bades.

Die Zuberform von Wanne und
Waschbecken, der Holzboden und die
halbhohe lackierte Holzverkleidung
geben dem modernen Bad einen länd-
lichen Anstrich.

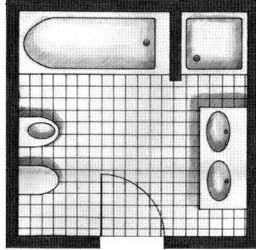

*Grundriss vor
dem Umbau*

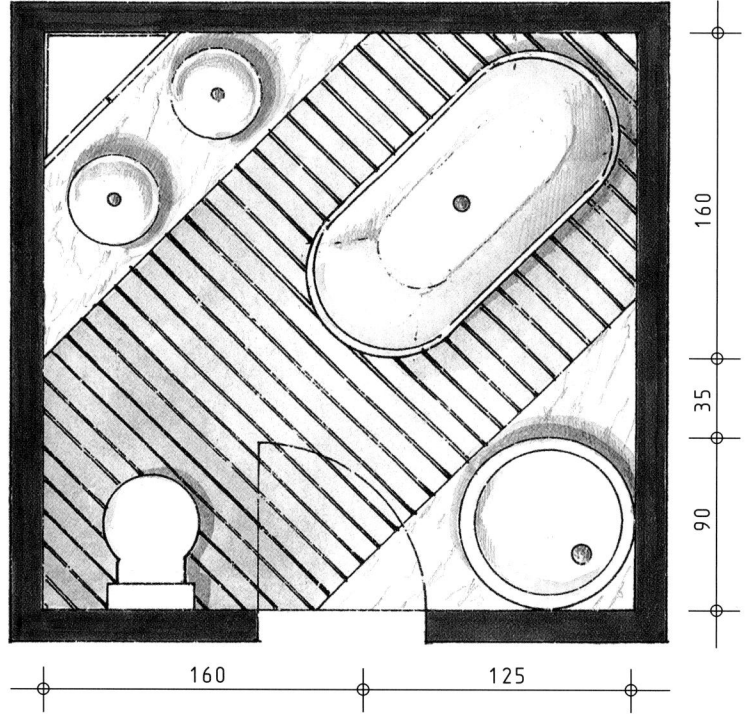

*Grundriss nach
dem Umbau*

*Ländlich einfache Stim-
mung in einem Bad mit
freistehendem Badezuber*

Kirsche, Wenge, Marmor und Glas

Prototyp 3, Version B

Eine symmetrische Ordnung zeichnet diesen Entwurf aus: Auf der Mittelachse ist die minimalistische Wanne, verkleidet mit Kirsche, angeordnet. Links und rechts von der Wanne sorgen Rollcontainer für viel Stauraum. Die modernen Waschtröge aus Marmor stehen auf dunklen Wengeholztischen.

Abgemauert, sozusagen in einem separaten Raum, sind Dusche und WC untergebracht.

Der Holzboden betont durch zwei Holzarten, Kirsche und Wenge, die klare Gliederung.

Hinter der Milchglasscheibe, genau in Wannenbreite, verbirgt sich das indirekte Licht.

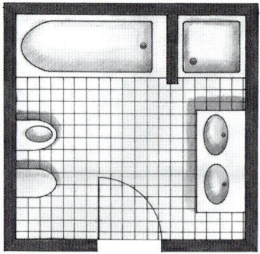

Grundriss vor dem Umbau

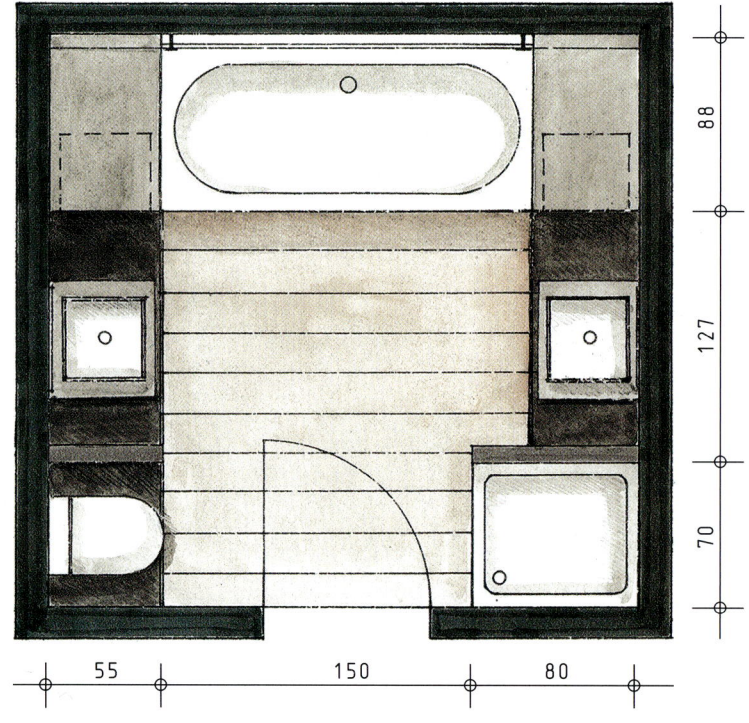

Grundriss nach dem Umbau

*Klarheit durch axiale
Ordnung*

Individuelle Grundrisse

Außer den gezeigten Prototypen gibt es natürlich unendlich viele Grundrisse von Bädern, die Platz für Wanne und Dusche haben. Wir wollen an einigen Beispielen zeigen, mit welchen Mitteln sich solche Räume individuell gestalten lassen.

Fernöstliche Harmonie

Ein Bad im japanischen Stil, dessen Wirkung ganz auf den verwendeten Materialien beruht: Holz für Einbauten und Boden, hinterleuchtete Gitterpaneele und typisch japanische Zeichnungen als Wandbespannung.

Die Einrichtung gibt der Badewanne besonders viel Raum durch das Podest und die breite Stufe. Durch das

rundum geführte Ablaufgitter kann man die Wanne bis zum Rand füllen. Eine lang gestreckte Ablage mit zwei großen Waschbecken lässt viel Platz für Utensilien. In den Spiegeln wiederholt sich das Wechselspiel der verschiedenen Wandpaneele.

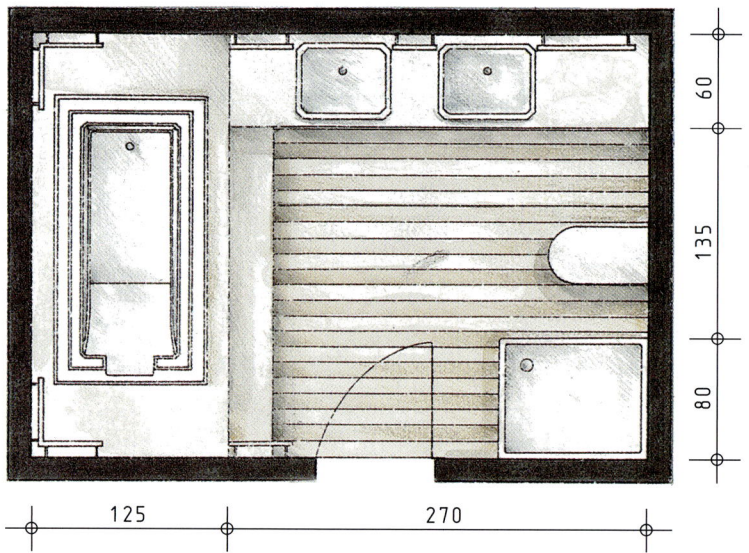

Grundriss zum abgebildeten Bad

*Japanisch gestyltes Bad
aus Holz und Wand-
malerei*

Holz und Mosaik
strahlen Ruhe aus

Eine wohltuende Ruhe strömt das Bad im japanischen Stil aus. Der warme Farbton des Holzrostes steht im Kontrast zum kühlen Grau des Mosaiks.

Minimalistisches Design zeichnet die Spiegelnische aus. Eine Glasplatte schützt die Ablage über der Vormaue-rung. Der schmale waagerechte Spiegel und die Neonröhren unterteilen die große Fläche spannungsvoll.

Die Holzplastik und das Bild unterstreichen den meditativen Charakter des Bades.

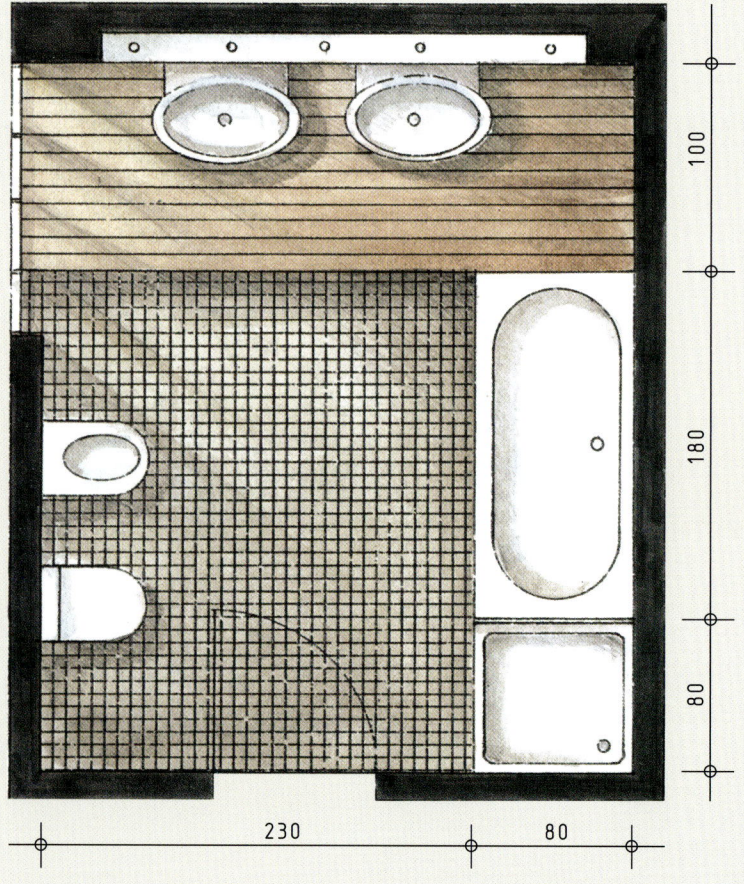

Grundriss zum abgebildeten Bad

Puristisches Bad in grauem Glasmosaik, Holz und strahlend weißer Keramik

Badästhetik durch Licht und Material

Asien stand Pate bei diesem Bad in ungewöhnlichen Materialien: Bodenplatten aus großen eingeschliffenen Marmorbrocken, die Rückwand und das Podest sind aus Bambusschichtplatten, Schieberahmen bieten Sichtschutz und verschwinden bei Bedarf hinter der Bambuswand. In seiner Strenge strahlt das Bad eine unendliche Ruhe aus, hier besinnt man sich auf das Wesentliche.

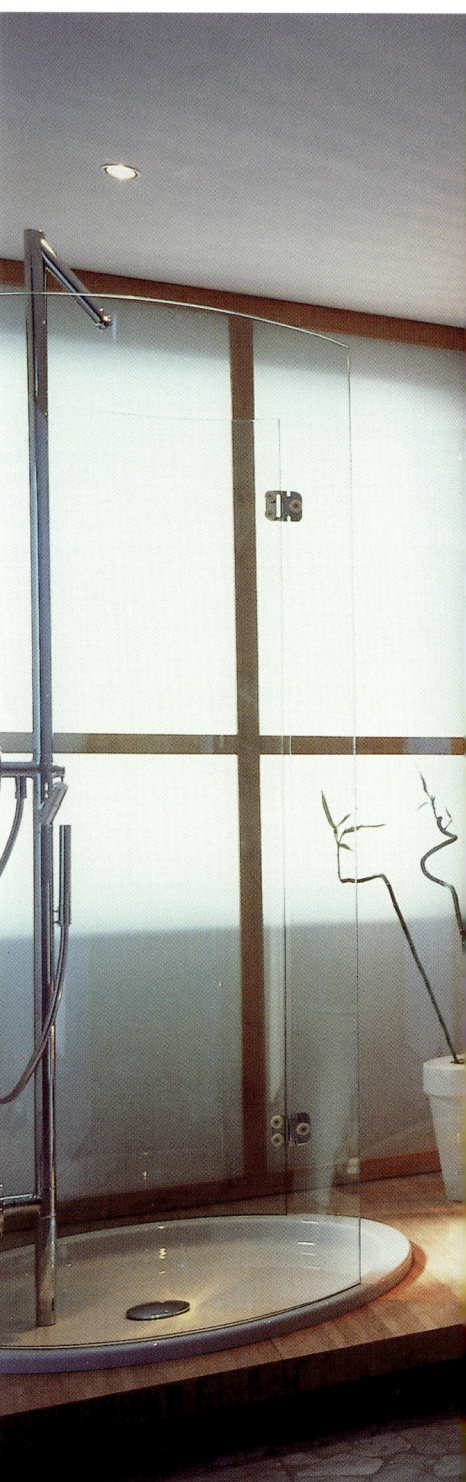

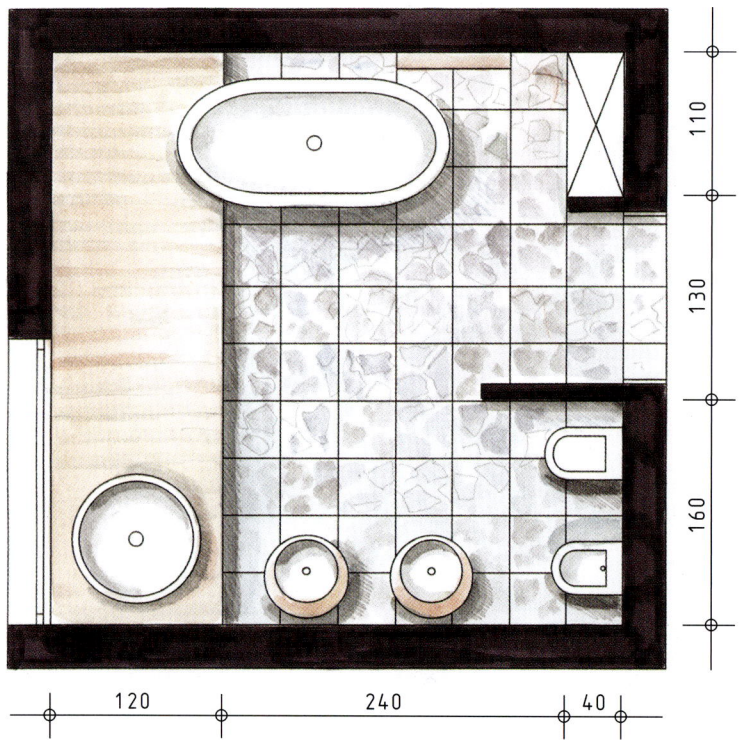

Grundriss zum abgebildeten Bad

*Weniger ist mehr
für diesen Ort
der Entspannung.*

Holz lackiert
und Holz natur

Die hellgrünen Holzpaneele geben
dem Bad einen maritimen Touch.

Die Viertelkreiswanne ist problem-
los mit den schmalen Brettern zu verkleiden. Die lackierten, hinterlüfteten
Wände haben sich im Bad bewährt,
auch der geölte Lärchenholzboden
macht keine Probleme.

Zwischen den klassischen Stand-
waschtischen ist ein Regal eingebaut.
Die Glasablagen mit dem verchromten
Geländer erinnern an eine Reling. Beim
Träumen in der großen Wanne fühlt
man sich wie auf hoher See. Es fehlt
nur das Schaukeln.

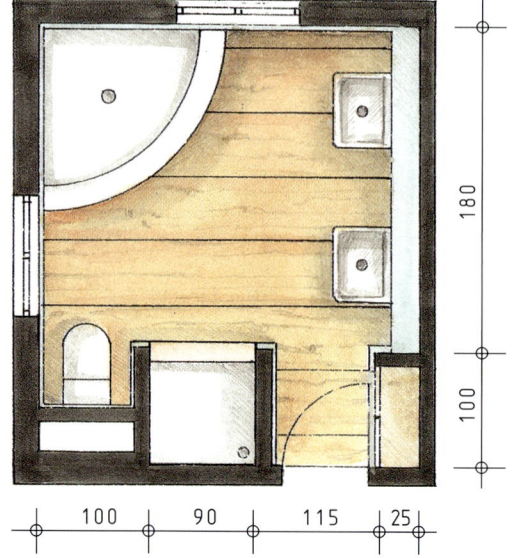

Grundriss zum
abgebildeten Bad

Ein Bad im Landhausstil

Grundriss zum
abgebildeten Bad

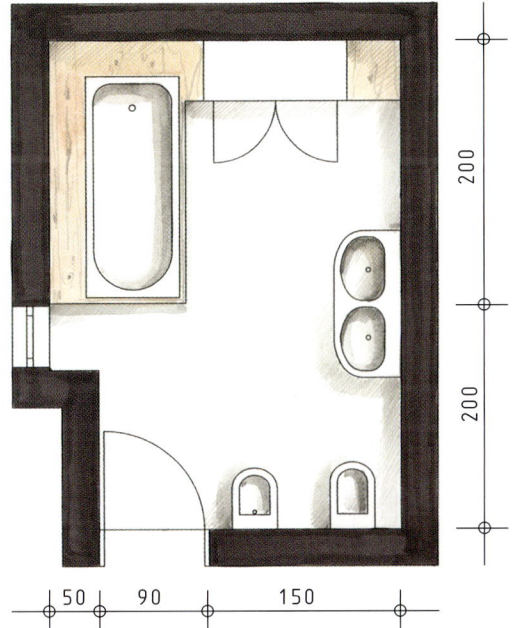

200

200

50 90 150

»Schräger«
Komfort

Das weiß lasierte Holz und der helle
Kunststoffboden verleihen dem rusti-
kalen Bad unterm Dach Leichtigkeit
und Frische.

Unter der Schräge befindet sich ein
Einbauschrank. Exakt in Stehhöhe
beginnen die Doppelwaschbecken.
Das Motto: viel Komfort und Wohl-
befinden unterm Spitzdach.

Ein Bad, in dem man
sich geborgen fühlt

Marmor in verschiedenen Farben

In einem relativ kleinen, verwinkelten
Altbau-Bad wurde viel untergebracht:
Wanne, Dusche, Waschbecken, WC
und Urinal. Die verbleibende Boden-
fläche erhielt ein ausdrucksvolles Karo-
muster aus Marmor: roter Veroneser,
weißer Thasos und schwarzer Granit.
Das schwarze und weiße Material folgt
als schmaler Streifen allen Ecken und
Winkeln und setzt Akzente in der
beherrschenden roten Wandfläche.
Goldfarbene Stilarmaturen und ein
klassizistisches Waschbecken tragen
zum leicht dekadenten Charme dieses
Badezimmers bei.

*Dusche und Wanne mit
Glasabtrennung*

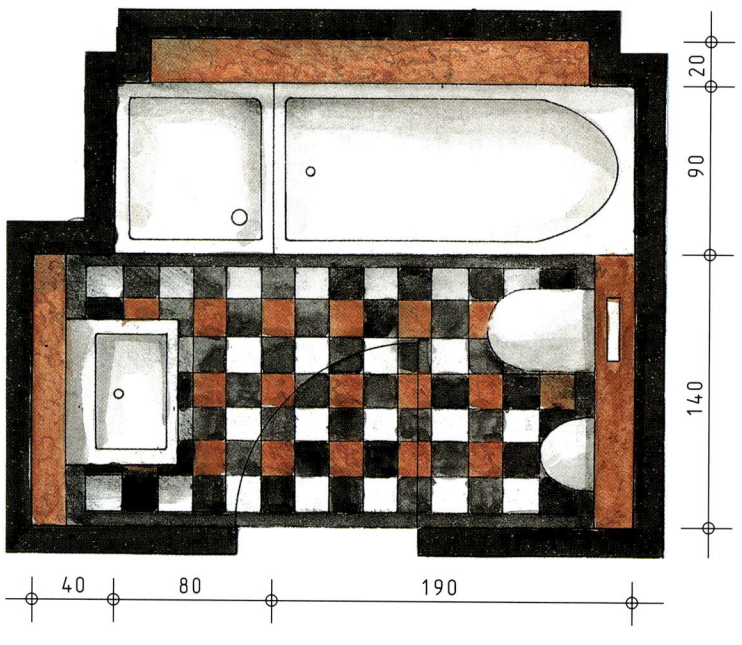

*Grundriss zum
abgebildeten Bad*

*Roter, weißer und
schwarzer Naturstein für
ein Altbau-Bad*

Beleuchtete Wanne
aus grünem Glas

Kühle und Transparenz sind die Attribute dieses Bades, das in das Erkerzimmer einer Altbauwohnung eingebaut wurde. Bewusst hat man die Symmetrie des Raumes vernachlässigt und folgt mit den diagonalen Einbauten den schrägen Fensterwänden. Der Clou ist die Verkleidung der Wanne aus geätztem Glas, das durch die Beleuchtung von innen smaragdgrün erstrahlt – ein Effekt, der sich am Fenster wiederholt und die Längsachse der Wanne betont. Die brüstungshohe Abmauerung, die die Wanne umgibt, und die Wände haben als Beschichtung einen dekorativen Fertigputz, der durch glänzende Metallbänder unterbrochen wird. Der Waschtisch ist eine filigrane Konstruktion aus Stahl und Glas. Die Dusche erkennt man nur durch die Glasabtrennung und eine Vertiefung im Fliesenboden.

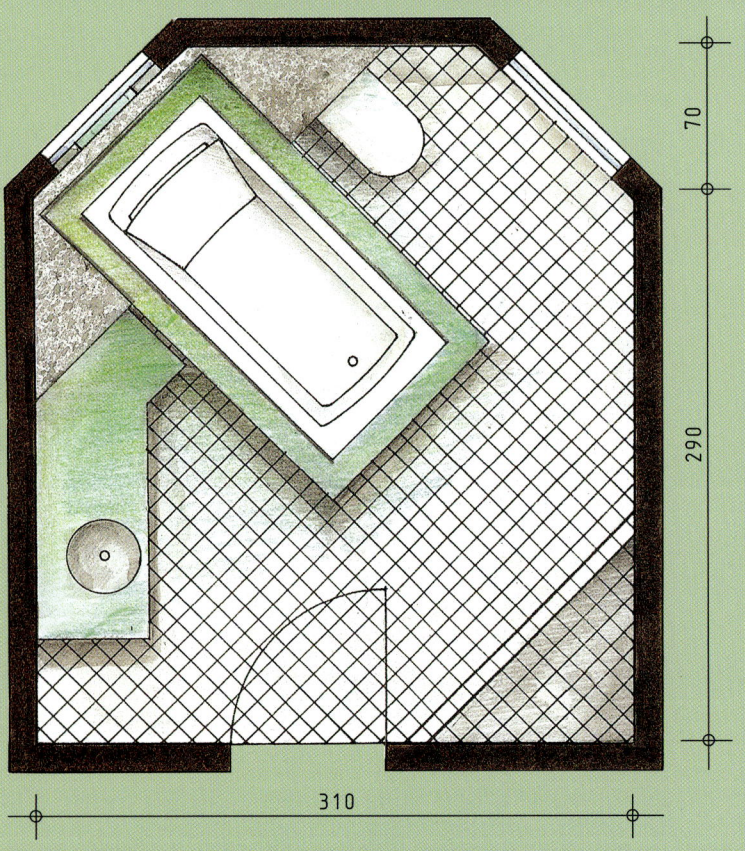

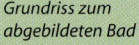

Grundriss zum abgebildeten Bad

Die Verkleidung der Wanne aus geätztem Glas ist von innen beleuchtet.

Edle Materialien
im modernen Bad

Große graue Platten an Wand und
Boden lassen das Bad großzügig wirken.

Die weißen Sanitärobjekte heben
sich strahlend vor der dunklen Wand
ab. Ein minimalistisches Bad, das alle
Funktionen erfüllt.

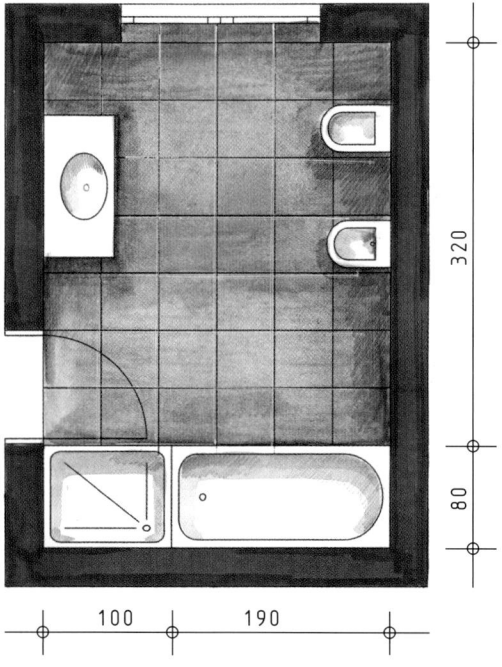

*Grundriss zum
abgebildeten Bad*

*Ruhe und Ordnung sind
das Leitmotiv für diese
Planung.*

5
Bäder unter Dachschrägen

Bäder unter Dachschrägen unterliegen in der Planung eigenen Gesetzmäßigkeiten, besonders dann, wenn die Dachneigung gering und der Kniestock niedrig ist. Grundsätzlich sollte die Höhe des Kniestocks 1 m nicht unterschreiten, um ein komfortables Benutzen des Bades zu gewährleisten. Allenfalls kann der darunter liegende Raum als Stauraum genutzt werden. Wie weit die einzelnen Sanitärelemente unter die Schräge passen, kann im Kapitel »Planungshilfen« unter »Dachschrägen« nachgelesen werden.

Die Dachschräge – ein idealer Platz für die Badewanne

Frische pur in dieser
Sinfonie in Weiß

Weißes Bad
unterm Spitzdach

Ein Bad unterm Spitzdach, das allen
Komfort bietet: Wanne und Dusche,
einen großen Waschtisch, viel Stauraum und auf dem Podest einen Platz
zum Träumen.

Weißer Carrara-Marmor, weiße
Wände, weiße Objekte – nur der Wasch-
tischunterbau und eine Bank vor der
Wanne in Holz unterbrechen die Sinfonie in Weiß.

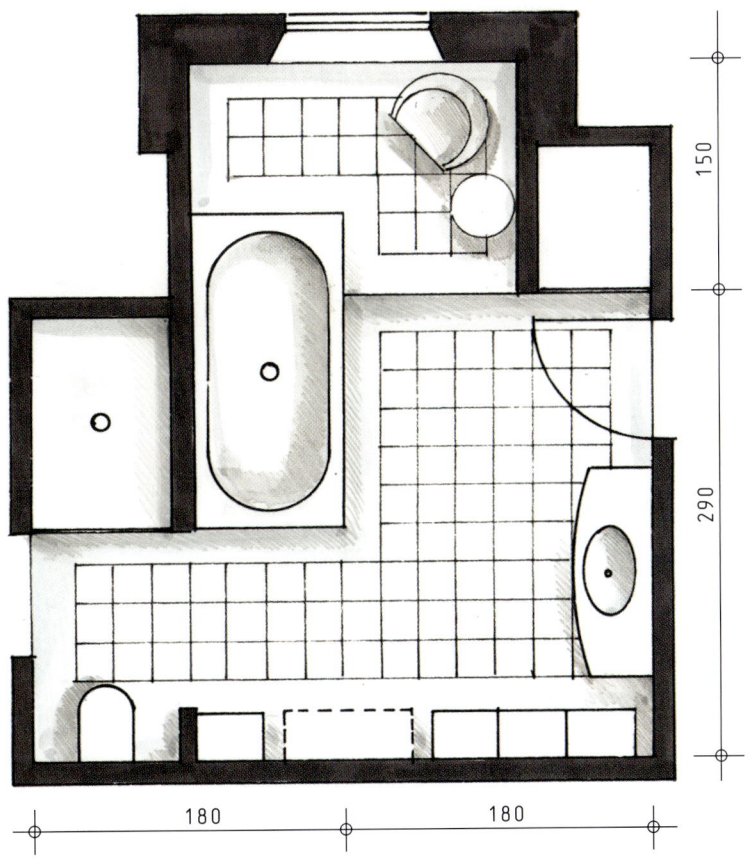

Grundriss zum
abgebildeten Bad

Licht durchflutetes Minibad

Strahlende Frische zeichnet das kleine Duschbad unter der Dachschräge aus. Die Glaswände und der durchgehende Boden geben dem winzigen Raum Großzügigkeit. Einbauten unter dem Fenster schaffen Stauraum und dienen als Ablage. Hinter den emaillierten Stahlplatten verbirgt sich die Installation.

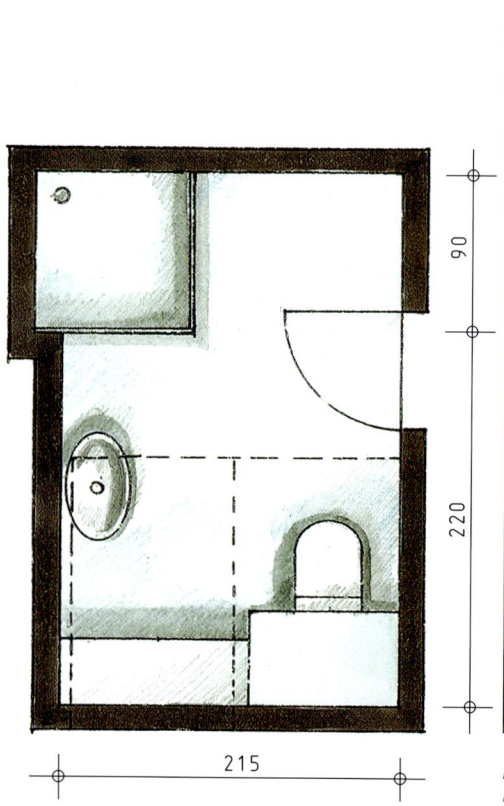

90

220

215

*Grundriss zum
abgebildeten Bad*

*Minimalistisches
Duschbad in hellblauem
Glasmosaik*

Zwei Bäder
zum Vergleich

Auf den folgenden beiden Seiten werden zwei Entwürfe für das gleiche Bad vorgestellt, bei denen besonderes Augenmerk auf die Unterbringung der Waschmaschine gelegt wird. In beiden Fällen wird der Raum unter der Dachschräge genutzt. Zum Füllen der Maschine muss man sowieso in die Knie gehen und zum Aufrichten dient der Platz unter dem Dachfenster.

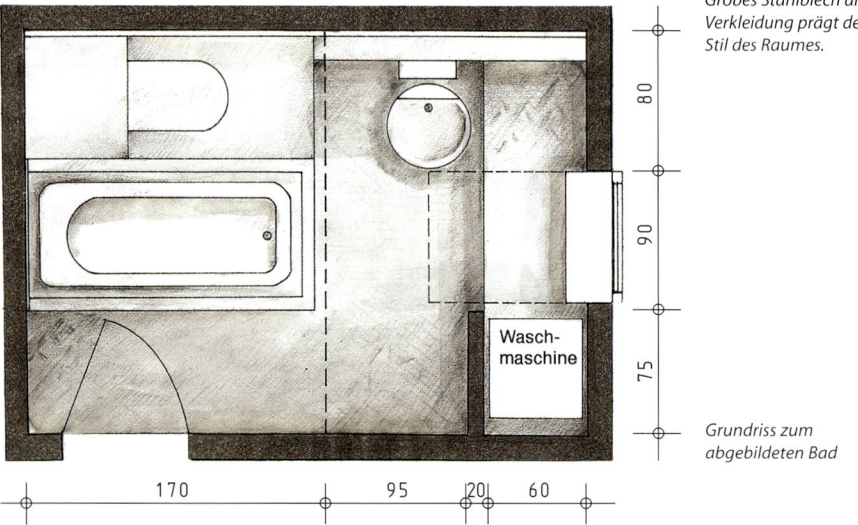

Grobes Stahlblech als
Verkleidung prägt den
Stil des Raumes.

Wasch-
maschine

Grundriss zum
abgebildeten Bad

170   95   20 60

80

90

75

Im ersten Entwurf wird die Waschmaschine frei aufgestellt und gegen
den Raum hin durch eine Trennwand
abgeschirmt. Die Badewanne steht
axial zum Fenster frei vor der Wand
und lässt beidseitig Platz für das WC
und die Eingangstür.

Die Wand- und Bodenverkleidung
aus grob geprägtem Edelstahlblech
kontrastiert mit dem warmen Ton der
verputzten Wandflächen.

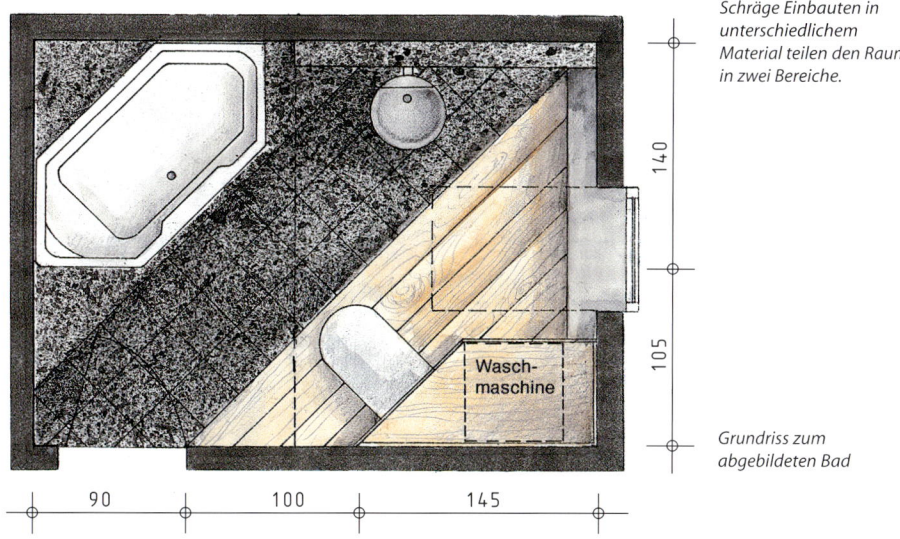

Schräge Einbauten in unterschiedlichem Material teilen den Raum in zwei Bereiche.

140

105

Wasch-
maschine

90   100   145

Grundriss zum abgebildeten Bad

Diagonale Einbauten prägen den Stil des zweiten Entwurfs. Der eine Teil mit der Eckwanne ist völlig mit Elementen aus grauem Granit verkleidet. Naturholz-Dielen sind das Material des anderen Teiles unter der Dachschräge. Die Waschmaschine steht in einem Schrank, dessen abgeschrägte Seite das WC mit den dazugehörigen Sanitärbausteinen aufnimmt.

Der Spiegel über dem Edelstahl-Waschbecken ist der Form des Daches angepasst und übernimmt das Spiel mit den schrägen Linien.

Viel Platz unter
der Dachschräge

*Ein dekorativer Brunnen
in einem Bad aus
grünem Glasmosaik und
schwarz-weißen Fliesen*

Badewanne und Dusche wurden in diesem Raum unter die Dachschräge verlegt, um den von einem großen Dachgaubenfenster erhellten Bereich für die Inszenierung des Waschbeckens freizuhalten.

Ein deckenhoher flacher Einbauschrank hat oben verspiegelte Türen, unten sind die Anschlüsse für das Waschbecken untergebracht. Die große runde Schale des Brunnens ruht auf

verchromten Rohren, in denen sich das Muster des schwarz-weiß karierten Fliesenbodens spiegelt. Hohe Leuchten zu beiden Seiten betonen die vertikale Unterteilung der Wandfläche. Zwischen Schrank und Seitenwänden gibt es Glasborde für dekorativen Kleinkram. Trotz der kühlen Farbe des Glasmosaiks schaffen Pflanzen im Terrakottakübel und lange weiße Vorhänge eine wohnliche Atmosphäre.

*Wanne und Dusche unter
der Dachschräge*

*Grundriss zum
abgebildeten Bad*

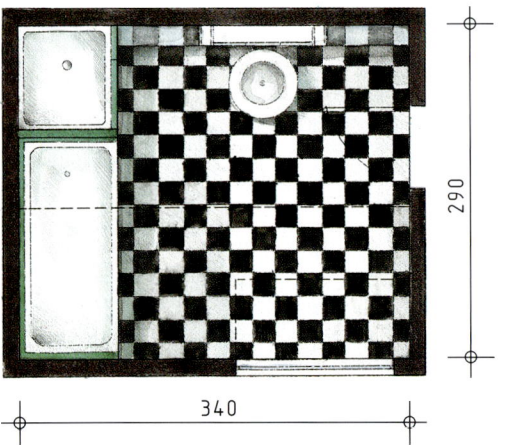

Von der Schräge zum Gewölbe

Erstaunlich, was sich aus einer Dach-
kammer machen lässt! Die Dachschrägen wurden zu tonnenartigen Gewöl-
ben verkleidet. Der verwinkelte hintere
Teil des Raumes erhält eine einheitliche Linie durch den schrägen Einbau
von Wanne und Dusche, die durch ein
Bullauge in der Trennwand verbunden
sind. Die in einem spitzen Winkel
anschließenden Regale und Schränke
formen den Übergang zum vorderen
Raum, ebenso das Podest, das den
Schwung des Gewölbes wiederholt
und durch den unterschiedlichen
Belag – Mosaik-Fliesen und PVC – die
beiden Bereiche definiert. Auch der
Waschtisch-Einbau übernimmt die
schrägen Linien der dekonstruktivis-
tischen Gestaltung. Die Farbigkeit
beschränkt sich auf Grau und Weiß.

*Blick über den
Waschtisch*

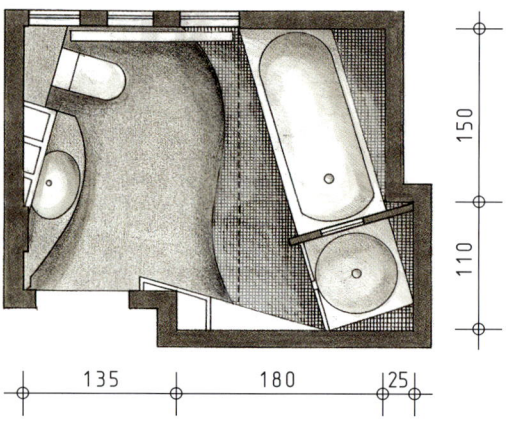

*Grundriss zum
abgebildeten Bad*

*Badgestaltung mit
schrägen Einbauten
unter dem Tonnenge-
wölbe*

»Sonnenbad«

Das Bad in einem Einfamilienhaus
bezieht seine Wirkung aus der Archi-
tektur des Gebäudes. Die Symmetrie
setzt sich bis in die anschließenden
Räume fort. Unter der völlig verglasten
Dachschräge hat die großzügig eingebaute Badewanne ihren eigenen, vom
Tageslicht definierten Raum. Beidseitig
verlaufende Ablagen führen zu den
Eckwaschbecken, die durch Mauerscheiben von Dusche und WC getrennt
sind. Der Unterschied in den verwendeten Materialien – die Grobheit des
unverputzten Klinkers für die Wände
und die Feinheit des geschliffenen
Carrara-Marmors für die Einbauten –
wird betont durch die Farben: warmes
Ziegelrot und kühles Hellgrau.

*Die im Bad herrschende
Symmetrie zieht sich
durch das ganze Haus.*

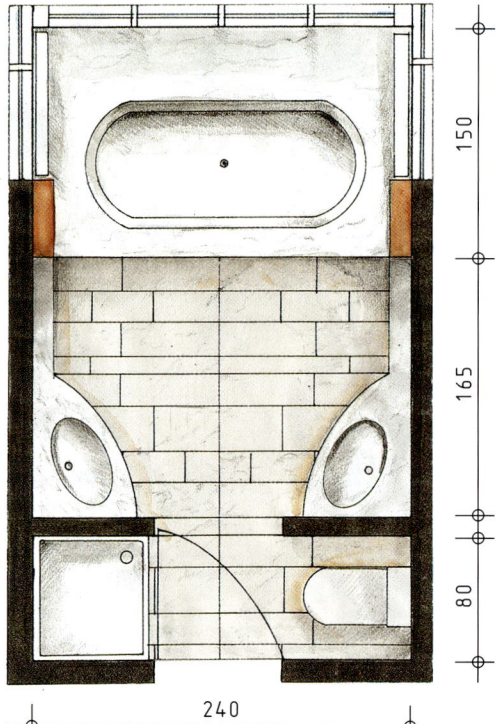

*Grundriss zum
abgebildeten Bad*

*Die in hellen Marmor
eingebaute Wanne unter
dem Glasdach*

Zusammenspiel von Solnhofer Schiefer und Granit

Auf einer Fläche von nur 9 m² mit einer den halben Raum ausfüllenden Schräge wurde ein Luxusbad eingebaut.

WC und Bidet sind durch Vormauerungen so weit aus der Dachschräge gerückt, dass sie bequem zu benutzen sind. Unter und neben dem Waschtisch sorgen Einbauschränke mit Glastüren für Stauraum.

Trotz einer Wandlänge von 2,50 m gelang es, Wanne und Dusche nebeneinander einzuordnen. Durch den seitlichen Einstieg in die Dusche wurde eine Fläche von 70×120 cm gewonnen, die ein bequemes Duschen erlaubt.

Das Bad ist mit Solnhofer Schiefer verkleidet. Akzente werden durch Streifen aus schwarzem Granit gesetzt.

WC und Bidet unter der Schräge

Geschickter Einbau von Wanne und Dusche

Grundriss zum abgebildeten Bad

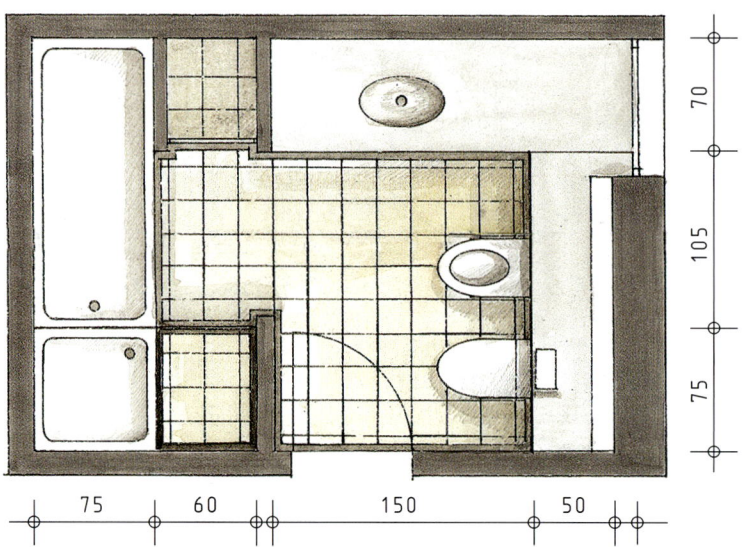

*Alle Funktionen auf
kleinstem Raum*

6
Umbauten

Bei der Renovierung von Badezimmern
geht man oft von der Überlegung aus,
ob der ursprünglich vorhandene Raum
vergrößert werden kann, indem man
dem Bad ein separates WC oder Teile
benachbarter Räume zuschlägt. Auch
können mehrere kleine Räume zusammengelegt oder anderweitig
genutzte Zimmer zum Bad umfunktio-
niert werden.

Wir haben zu den verschiedenen
Möglichkeiten prägnante Beispiele
zusammengestellt.

*Die Badewanne, quer
vor dem großen Fenster,
verkürzt den Raum.*

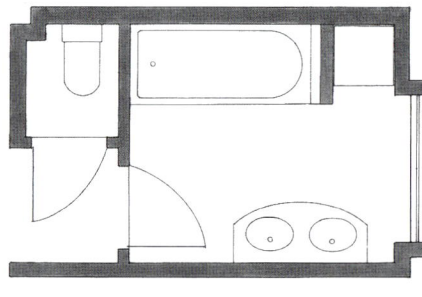

*Grundriss vor
dem Umbau*

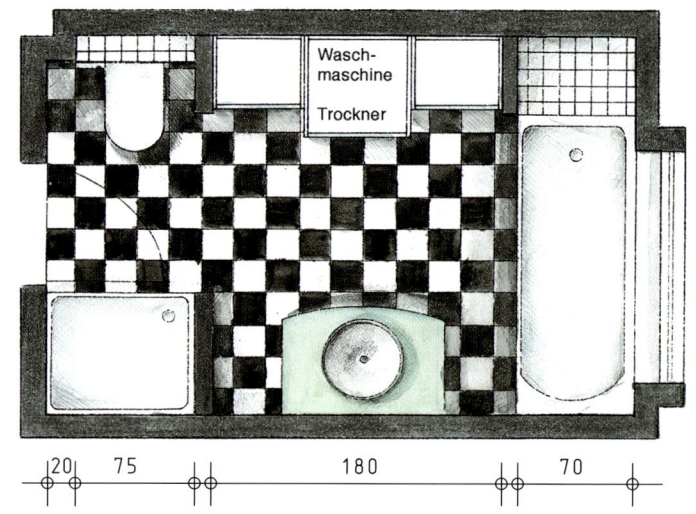

*Grundriss nach
dem Umbau*

Form und Funktion im Gleichklang

Der Waschtisch aus geätztem Glas setzt den farbigen Akzent.

Zusammenlegung von Bad, WC und Vorraum – Ausgangslage: ein Bad mit großem Fenster, Badewanne an der Längswand, daneben die Waschmaschine, gegenüber ein frei aufgestellter Doppelwaschtisch, ein WC-Raum mit kleinem Waschbecken, ein kleiner Vorraum. Die Aufgabe war, alle Räume zusammenzulegen, mit der Forderung nach gesonderter Dusche, viel Stauraum und einer Waschmaschine mit separatem Trockner.

Da die Fußbodenheizung vorhanden war, konnte die Wanne quer vor das Fenster gestellt werden. Dusche und WC kamen in den Vorraum.

In der Mitte blieb ein zentraler Bereich, in den auf der einen Seite ein verspiegelter, in die Tiefe gestaffelter Schrank für die Maschinen und sämtliche Bad-Utensilien eingeplant wurde, auf der anderen Seite ein dekorativer Waschtisch. An den Wänden weiße Fliesen mit Dekorborte, auf dem Boden schwarz-weißes Karo.

Badespaß
für die Familie

Im Einfamilienhaus einer Familie mit
drei Kindern gab es ein Bad mit Wanne
und ein Duschbad. Trotz aller prakti-
scher Überlegungen wurde dem
Wunsch nachgegeben, die beiden
Räume zu einem großen Bad zusammenzulegen.

WC, Bidet und Dusche wurden
durch brüstungshohe Mauern abgetrennt, das Podest ermöglicht den
Anschluss an das im Boden befindliche
Fallrohr. Eine zweite Brüstung zur Wan-
nenseite schließt den Doppelwaschtisch ein, der symmetrisch unter die
beiden Dachfenster gelegt werden
konnte. Ein großer ovaler Pool passte in
die von einem Einbauschrank gebildete
Ecknische.

Das Material für die konstruktiven
Bauteile ist roter Veroneser Marmor, die
großen Wandflächen sind weiß gefliest.
Schwarze Steinzeugfliesen setzen
Akzente und erscheinen auch auf dem
dreifarbigen Fußboden.

*Die Zusammenlegung
von zwei Bädern unterm
Dach ergibt einen gro-
ßen, luftigen Raum.*

*Dir große Badewanne
in der Ecke zwischen
Schrank und Waschtisch*

*Grundriss vor dem
Umbau*

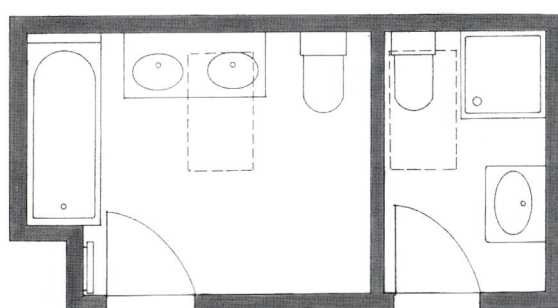

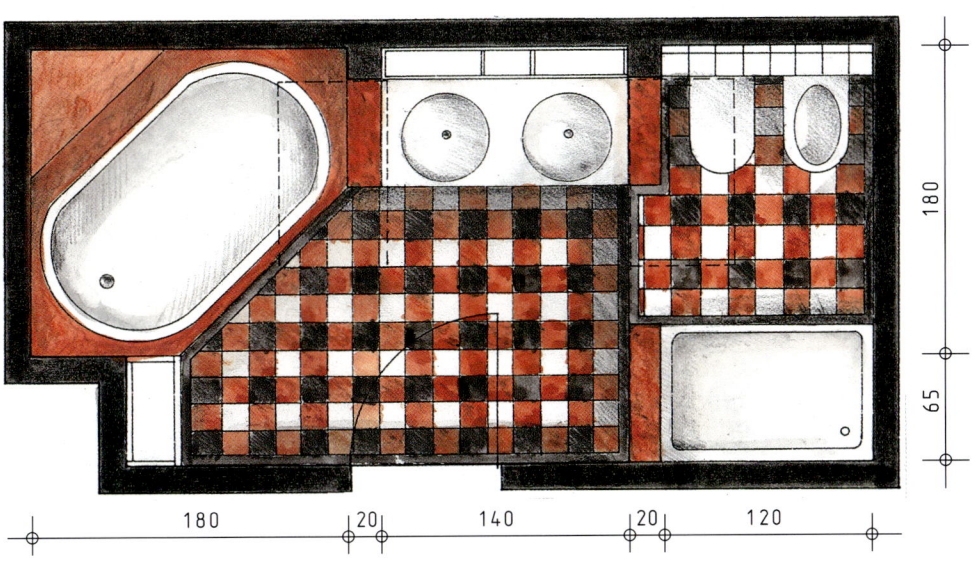

*Grundriss nach
dem Umbau*

Marmor und Stein-
zeug kombiniert

Ein schlecht genutztes L-förmiges Bad
und das separate WC sollen zusammengelegt werden.

Die Dusche findet Platz im WC-
Raum, der durch einen Türdurchbruch
geöffnet wird. Die Verlegung der Bad-
Tür schafft eine große Nische, in der die
Eckbadewanne durch schräg angelegte
Podeste und zwei Treppenstufen ihren
eigenen, gesondert gestalteten Raum
erhält. Die Wand mit den beiden Fens-
tern ist durch Einbauschränke genutzt.
Um genügend Einbautiefe zu erhalten,
wurden die Heizkörper aus den Fens-
ternischen entfernt. Den Kontrast zu
den vielen Einbauten bildet ein freiste-
hendes klassizistisches Waschbecken.

Heller Carrara-Marmor und schwarze Steinzeugfliesen sind die durchgängig verwendeten Materialien.

Blick über die Badewan-
ne auf den Waschtisch

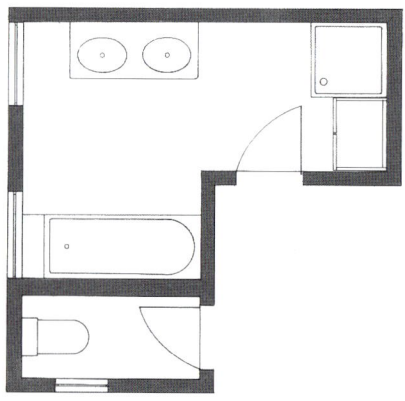

Grundriss vor
dem Umbau

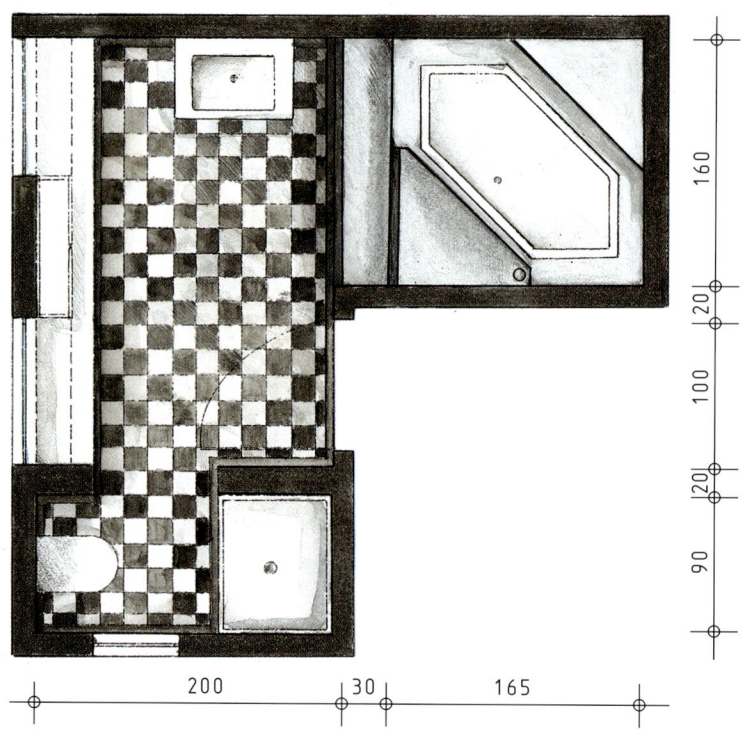

Grundriss nach
dem Umbau

*Nische mit diagonal
eingebauter Eckbade-
wanne*

Trennung durch halbrunde Glaswand

Vorgabe: Küche und ein winziges verwinkeltes Bad Wand an Wand.

Das Bad sollte vergrößert werden zu Ungunsten der Küche, die sich zum Flur hin öffnen durfte.

Das WC bleibt praktischerweise an der alten Stelle. Von der Küche wird ein halbkreisförmiger Raum abgetrennt, der im Bereich der formal ideal passenden Wanne abgemauert ist und auf der restlichen Fläche von einer Wand aus Glasbausteinen begrenzt wird.

Am Berührungspunkt der beiden Räume steht der Waschtisch, der auch von der Seite bedient werden kann und so in Griffnähe des Schrankes ist, der hinter der WC-Tür eingebaut wurde. Die Trennung der Räume erlaubt die gleichzeitige Benutzung der beiden Bereiche.

Die einheitliche Farbe Grau wird aufgelockert durch starkfarbige Accessoires und die Transparenz der Wand.

Blick aus dem Flur auf die Glaswand vor der offenen Küche

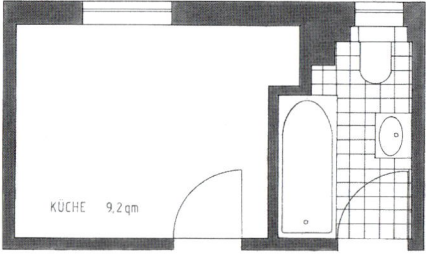

KÜCHE   9,2 qm

Grundriss vor dem Umbau

Grundriss nach dem Umbau

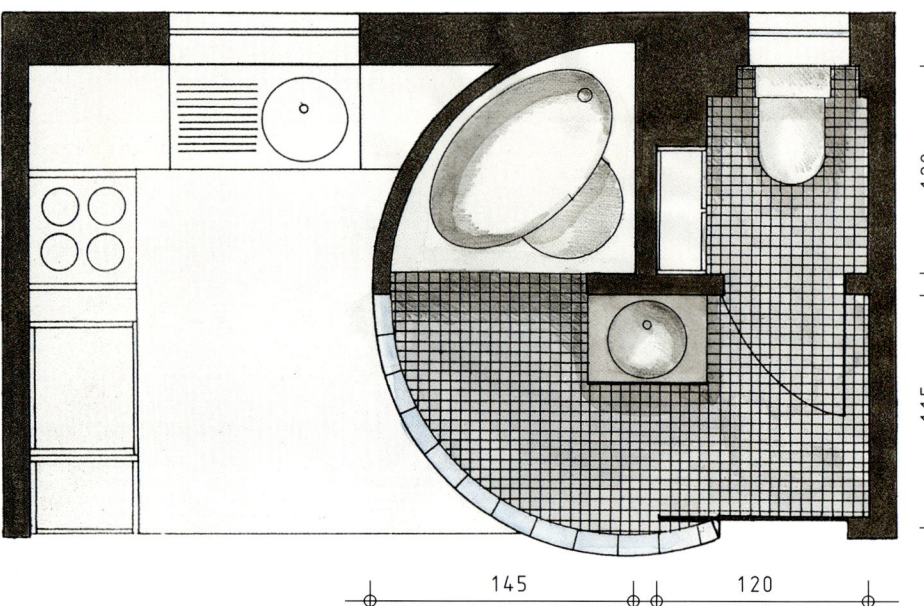

145   120

120

115

*Im Zentrum des kreis-
runden Raumes steht
der Waschtisch.*

Aus drei Räumen entsteht ein Bad

In einer Wohnung aus den 50er Jahren konnten Küche, Bad und WC zusammengelegt werden. Außer dem Entfernen einer Trennwand und einem Türdurchbruch waren keine großen räumlichen Umbauten nötig. Große Aufmerksamkeit wurde dagegen auf die Gestaltung der Einbauten gelegt. An der langen Wand teilen Mauerscheiben Dusche, Waschtisch und Regale ab. Von der Decke hängende Leuchten in auffallendem Industriedesign unterstreichen den spannungsvollen Rhythmus der Wandgliederung.

Die Badewanne liegt an der Fensterwand. In einer tiefen Nische steht die Waschmaschine, durch ein Alu-Rollo den Blicken entzogen. Weiße Industriefliesen mit eingefügten schmalen Lisenen aus Edelstahl harmonieren mit großformatigen Platten aus blaugrauem afrikanischem Marmor.

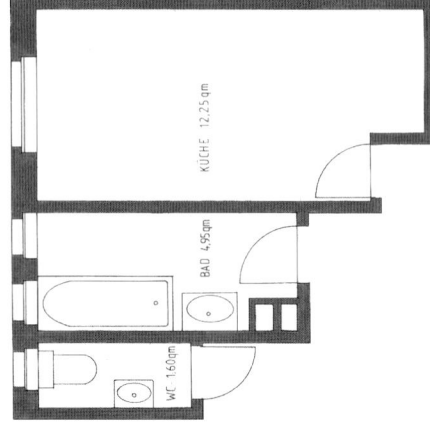

Grundriss vor dem Umbau

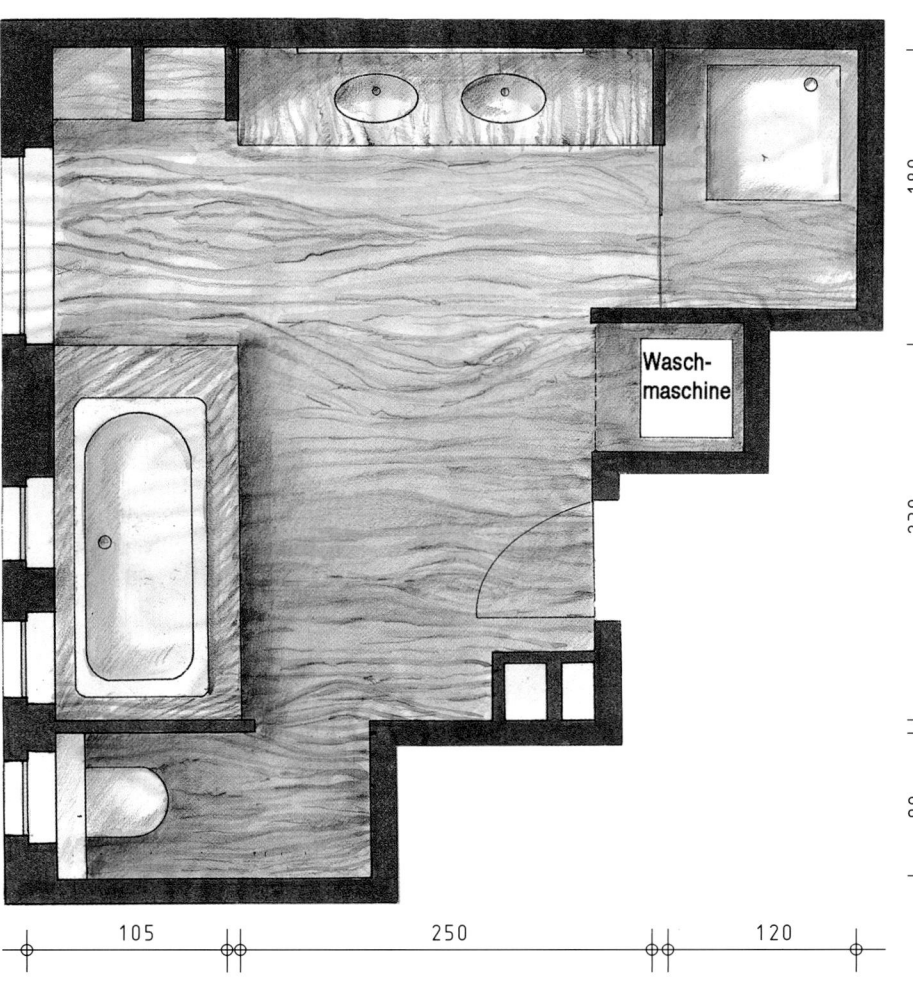

Grundriss nach dem Umbau

*Weiße Fliesen und kühler
Marmor für ein Bad im
Industriedesign*

Bad-Fitness-Schrankraum-Zimmer

Wenn die Kinder das Haus verlassen, ergibt sich die Möglichkeit eines großen Umbaus. Hier wurde das alte Elternschlafzimmer in das neue Bad-Fitness-Schrankraum-Zimmer integriert. Schiebetüren aus mattem Glas verbinden das neue Schlafzimmer mit dem Wellnessbereich. Das grünlich schimmernde Glas schützt die Wand hinter der Wanne, trennt den Schrankraum vom übrigen Bad und bietet Sichtschutz vor WC und Bidet. Es ist das bestimmende Element. Glas, weiße Fliesen und der dunkle Holzboden bilden eine wohltuende Harmonie.

Von der Wanne hat man einen Blick in die Natur.

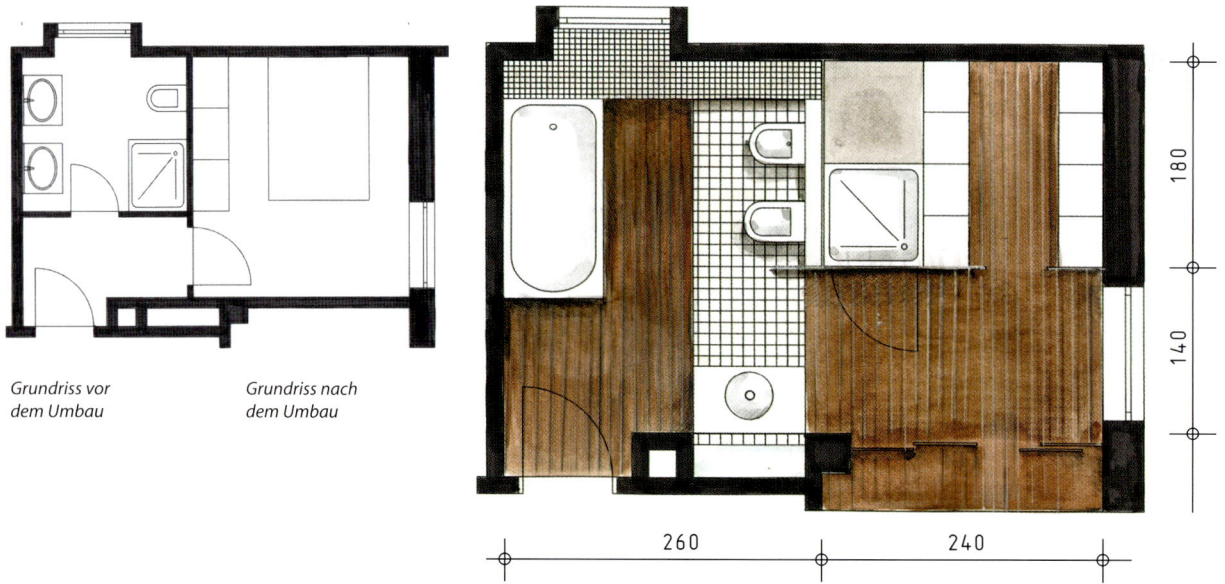

Grundriss vor dem Umbau

Grundriss nach dem Umbau

180

140

260

240

*Die Dusche betritt man
durch eine durchsichtige
Glastür.*

7
Luxusbäder

Was ist Luxus?

Luxus ist Überfluss, Verschwendung, Prunksucht. Luxus ist Überfluss an Dingen, die anderen fehlen. Luxus kann man mit Geld kaufen. Luxus ist warm und reich.

Sind Dinge wie Zeit, Raum und Ruhe Luxus? Kann Einfachheit und Zurückhaltung zum Luxus werden?

In diesem Kapitel zeigen wir u. a. Bäder, die groß, prunkvoll und teuer sind und der allgemeinen Vorstellung von Luxus entsprechen.

Wir wagen aber zu sagen, dass Luxus im landläufigen Sinn leicht in Geschmacklosigkeit abgleitet. Deshalb zeigen wir auch Räume, die durch ihre Proportionen wirken, durch Licht und Luft, und deren Kostbarkeit darin besteht, dass sie, was Material, Form und Farbe betrifft, konsequent durchgearbeitet sind, stilsicher geplant und perfekt ausgeführt.

*Asketischer Raum in
kostbarem Material*

Lebensraum Bad

Ein lichtdurchfluteter Raum in einer
alten Villa wurde als Bad eingerichtet.
Die Fenster an zwei Seiten des Raumes
und zwei Türen zu Flur und Schlafzimmer beschränken den Platz an den
Außenwänden. Die Lösung ist die Posi-
tionierung der Badewanne mitten im
Raum.

Eine halbhohe Brüstung verdeckt
die dahinter liegenden Räume für
Dusche, WC und Bidet. Ein durchgehen-
der Boden schafft eine optische Einheit
und bietet die nötige Konstruktions-
höhe für die Installation.

Warme Farben harmonieren mit
den natürlichen Materialien: verputzte
Wände, Sandstein für Waschbecken
und Abdeckungen und ein Fußboden
aus Tannen-Dielen.

Der Stil des übrigen Hauses spiegelt
sich in diesem wunderbar wohnlichen
Badezimmer.

*Waschbecken aus
Sandstein*

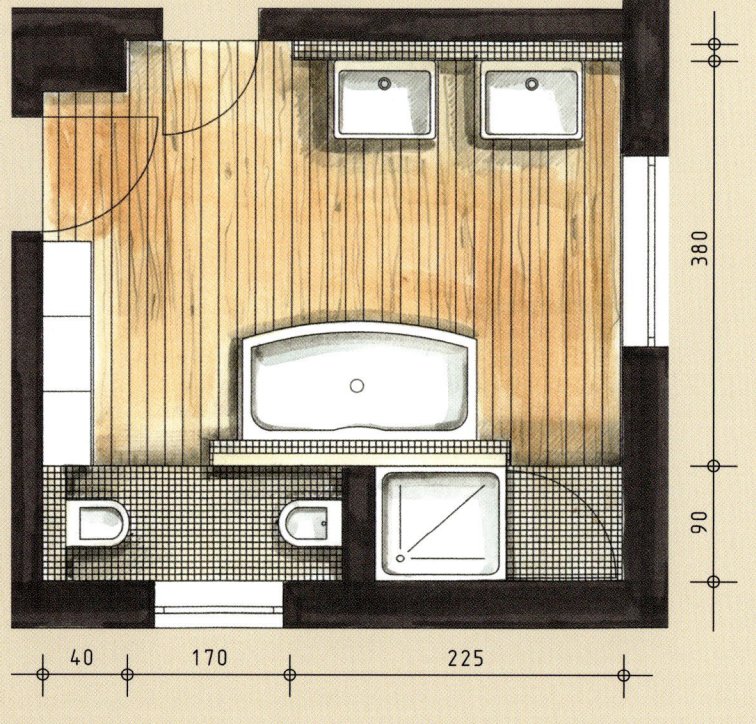

*Grundriss zum
abgebildeten Bad*

*Die Badewanne als
Mittelpunkt des Raumes*

Bühnenreife
Badinszenierung

Leicht, hell, luftig sind die Attribute
dieses Bades, bei dessen Planung mit
dem Platz verschwenderisch umgegan-
gen wurde. Durch die Abtrennung von
Dusche und WC war es möglich, einen
völlig symmetrischen Raum zu schaffen, betont durch den großzügigen
Aufgang zur Badewanne, der durch die
Einfachheit seiner Linien besticht.
Leuchten und Armaturen sind die sparsam gesetzten Akzente.

   Die klassische Wand- und Decken-
verkleidung aus lackiertem Holz har-
moniert mit dem in einem strengen
Raster gefliesten Boden und den
Einbauten aus Carrara-Marmor.

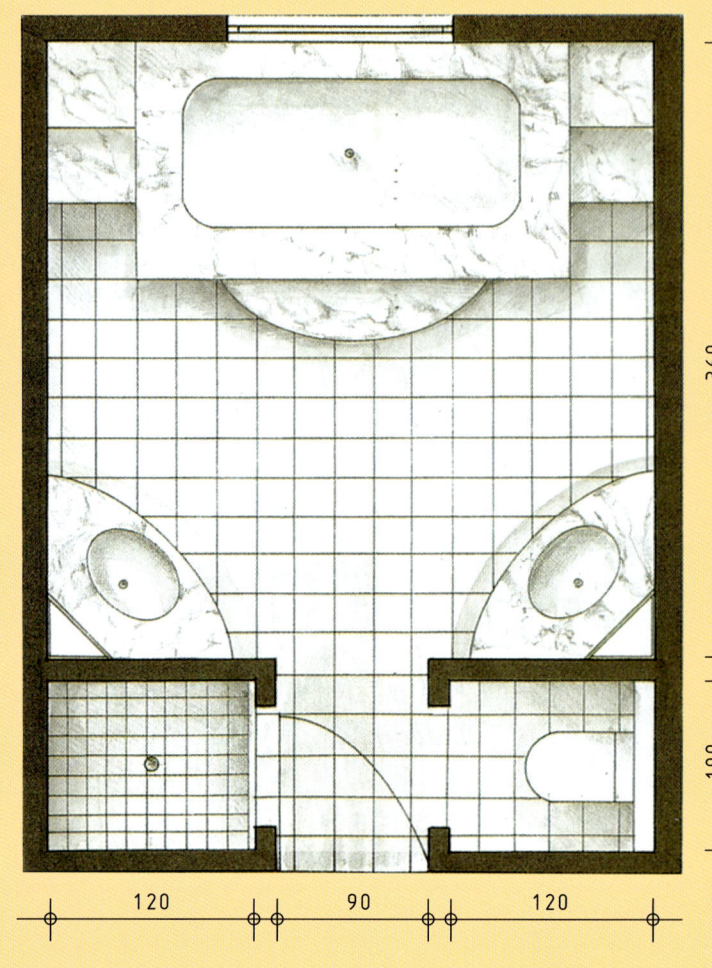

*Grundriss zum
abgebildeten Bad*

*Ein großzügiges Bad mit
hellen Farben und klaren
Linien*

Vom Bad
zum Wohnraum

Ein Wohnraum in einer großen Altbauwohnung wurde zum Bad umgebaut.
Das Schwierigste war der Bodenaufbau
auf den alten Balkendecken. Einmal
mussten die benötigten Sanitärleitun-
gen neu gezogen werden und zum
anderen der Boden so stabilisiert werden, dass die großformatigen Kalkstein-
platten nicht reißen.

Alle weiteren Einbauten waren
durch Trockenbau leicht möglich.
Hinter der freistehenden, mit rotem
Glasmosaik verfliesten Wand sind das
WC und die Dusche versteckt.

Das Sofa und der bordeauxrote
Samtvorhang lassen das Bad leicht in
Konkurrenz mit einem Wohnraum tre-
ten. Sicher entspannt man in der Wanne besser als vorm Fernseher.

*Großzügige Einbauten in
Kalkstein und Putz*

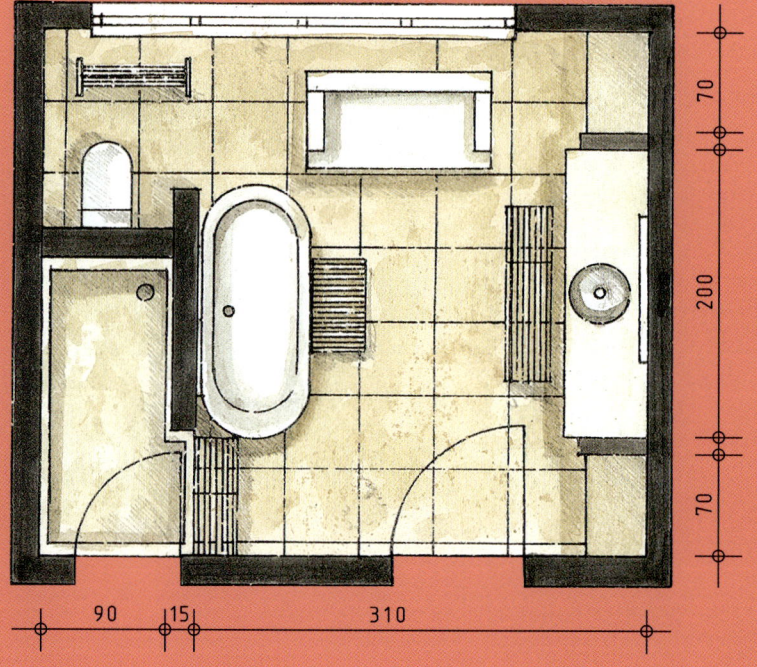

*Grundriss zum
abgebildeten Bad*

*Eine »Badeoper« in
einem umgebauten
Altbau*

In Luxus baden

Das Marmorbad ist immer noch der absolute Inbegriff von Luxus. Vor allem wenn wie hier eine ungewöhnlich komfortable Badewanne im Mittelpunkt steht, inszeniert mit allen Attributen des Traumbades. Man badet wie auf einer Bühne. Deckenhohe Paneele aus Carrara wechseln mit Spiegeln. Die Größe des Raumes wird durch Flächen mit Blockstreifen in den Farben Weiß und Grau betont. Ein graues Band aus Marmor unterstreicht die barocke Form der Wanne, schmale Streifen aus facettierten Spiegeln verkleiden die runde Abmauerung auf dem breiten Podest.

Dusche und WC sind im Nebenraum untergebracht, der Doppelwaschtisch ordnet sich unauffällig unter.

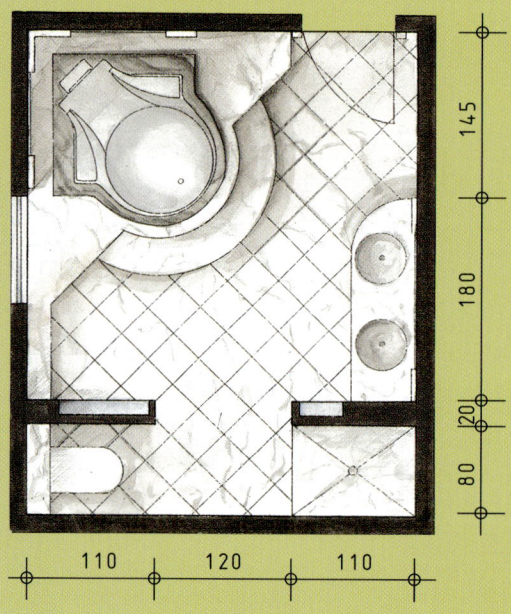

Grundriss zum abgebildeten Bad

Barock inszenierte Wanne in einem Bad aus Carrara-Marmor

Außen-Innen-Komposition

Das Bad bezieht seine Wirkung aus dem Kontrast der warmen Holzvertäfelung und dem frischen Grün des Pflanzbeckens. Der Terrakottaboden schafft die optische Verbindung zwischen Drinnen und Draußen. Die wasserfest verleimten Fichtenholzplatten wurden mit hellem Flüssigwachs eingelassen, zum Schutz gegen Feuchtigkeit und Vergilben. Wichtig ist eine gute Hinterlüftung der Paneele. Die

verschiedenen Ebenen der Holzpodeste erinnern an Saunaräume und laden zum Verweilen ein. Die beiden Waschtische aus verchromtem Stahlrohr bieten minimalen Platz für Waschutensilien, unterstreichen aber die heiterbesinnliche Atmosphäre des Raumes.

Grundriss zum abgebildeten Bad

Helles Fichtenholz ist das Material der Podeste und Wandverkleidungen in einem luftigen Raum.

Exquisites Design in höchster Perfektion

In diesem asketisch anmutenden Raum wird Luxus demonstriert: durch Beschränkung auf wenige Materialien und Farben und die minimierte Formensprache. Störende architektonische Vorgaben des verwinkelten Raumes, d. h. unterschiedliche Fenster und ein Mauervorsprung, werden durch den großzügigen Einbau der Badewanne einfach übergangen. Die konsequente Verlegung von ausdrucksvollem dunkelgrünem Marmor auf allen horizontalen Flächen fasst die einzelnen Bereiche zusammen. Die Wände haben einen wasserfesten Anstrich in einem zarten Grün, nur in der Dusche wurde grünes Glasmosaik verlegt.

Den besonderen Akzent setzen die Waschbecken: Schalen aus geätztem Glas auf eckigen Säulen aus bebürstetem Edelstahl stehen vor hohen schmalen Glaspaneelen. Diese sind im oberen Teil als Spiegel gearbeitet und im unteren Teil geätzt, in der Mitte sitzt die Wandarmatur: ein ungewöhnliches, perfekt ausgeführtes Detail.

Grundriss zum abgebildeten Bad

240

250

165   110

Glasmosaik als Wandbelag in der Dusche

*Minimierte Formen-
sprache für handwerklich
perfekt ausgeführte
Details*

Drei Stufen
zum Badeglück

Ein Raum in einer großbürgerlichen
Villa, gebaut um 1900, wurde zu einem
Luxusbad in Weiß, Chrom und Gold
verwandelt. Nachdem der Boden durch
Stahlträger stabilisiert worden war,
konnten das betonierte Podest und die
Abmauerungen für WC und Dusche
gebaut werden.

Zusätzlich zur Bodenheizung gibt es
in den Schränken versteckte Heizkörper.

Neben den Leuchten am Spiegel
sind in einer abgehängten Decke indi-
rektes Licht und Halogenstrahler eingebaut worden, so dass »strahlende Fest-
lichkeit« die richtige Beschreibung für
dieses Bad ist.

Grundriss zum
abgebildeten Bad

Drei Stufen führen zur
Glückseligkeit.

*Die symmetrisch ange-
ordneten Waschtisch-
plätze erzeugen interes-
sante Spiegeleffekte.*

Kraftvoll-
kühles Design

Den Mittelpunkt dieses großen Luxusbades bildet die Wanne, die in ein
Podest eingelassen wurde. Archaisch
wirken die Granitblöcke, die als Stufe
vor der Wanne liegen und den WC-
Raum abteilen. Die großformatigen
Bodenplatten sind aus weißem Marmor. Mit dem gleichen Material wurde
auch die Dusche ausgekleidet. Die
kreisrunden Waschtische (im Foto
nicht sichtbar) sind aus einem schwarzen Granitblock gedreht.

Ein männliches, klares und kühles
Bad.

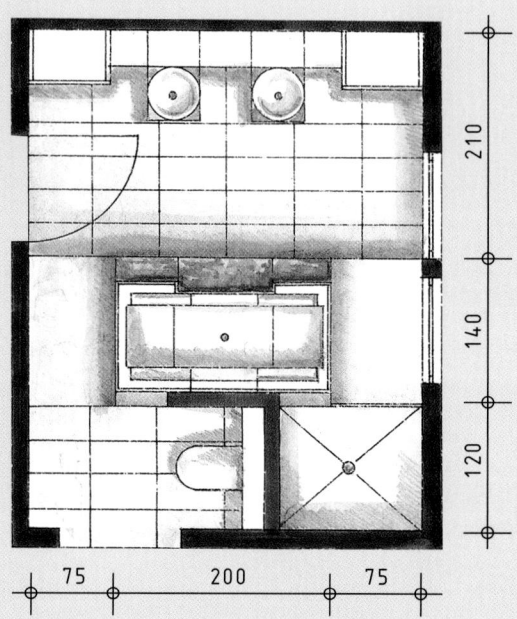

Grundriss zum
abgebildeten Bad

*Strenges Bad in blauem
und schwarzem Granit*

Noblesse
oblige

Säulen, Profile, Bögen, warme Farben
spiegeln den Glanz vergangener Epo-
chen wider.

Das Bad ist eine hervorragende
Steinmetzarbeit aus Travertin und
schwarzem, kräftig geadertem Marmor.
Wanne und Dusche sind in Nischen eingelassen, die durch Säulen gerahmt
sind; auch der Waschtisch wird durch
Säulen betont. Kräftige Marmorprofile
verbergen das indirekte Deckenlicht,
das zusätzlich für eine schmeichelnde
Stimmung sorgt.

Ein Bad zum Wohlfühlen und ein
Traum für viele.

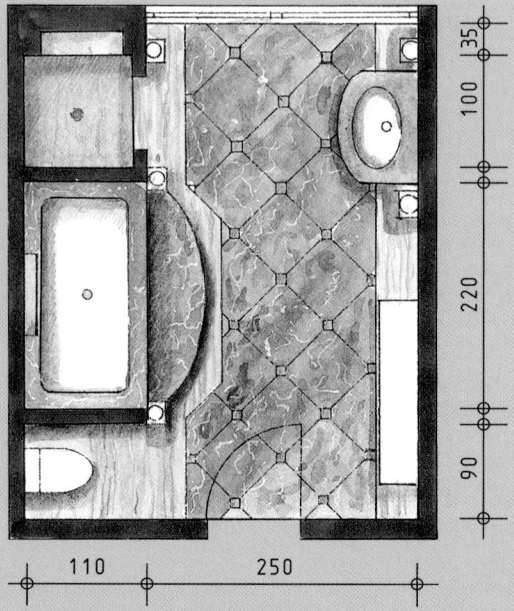

*Grundriss zum
abgebildeten Bad*

*Der klassische Charme
alter Zeiten*

II

Planungshilfen

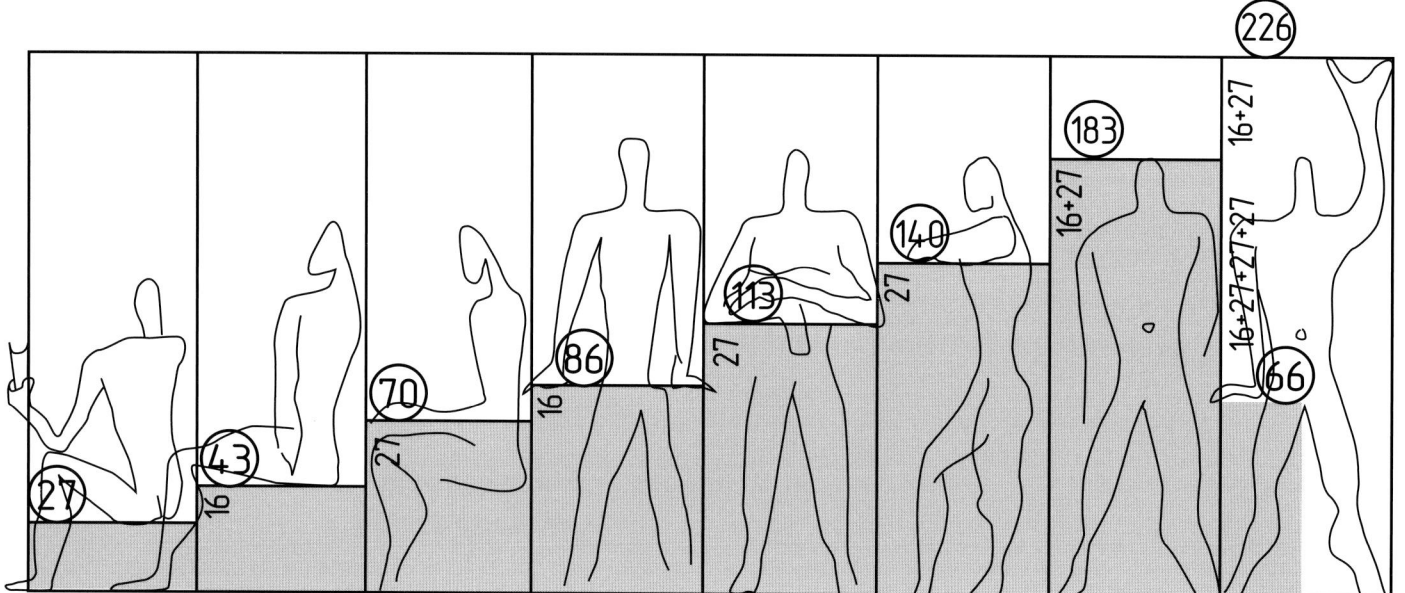

»Modulor« nach
Le Corbusier

1
Maße

Der Mensch ist das Maß aller Dinge.

Berühmte Künstler und Architekten haben um den menschlichen Körper ein allgemein gültiges Maßsystem gelegt. Wir denken dabei sofort an den »Kanon der Proportionen« von Leonardo da Vinci oder den »Modulor« von Le Corbusier.

Für unsere Untersuchungen von Abstands- und Höhenmaßen im Bad gehen wir von Stellungen und Bewegungen an den einzelnen Sanitärobjekten aus.

Nun sind nicht alle Menschen gleich groß. Kleine Personen sind nicht so sehr im Nachteil wie übergroße, da in allen Bereichen ja auch auf Kinder Rücksicht genommen wird.

Wir nehmen als Mittelmaß eine Körpergröße von 1,80 m an. Wer sehr viel größer ist, muss bei der Badplanung die angegebenen Maße für sich ändern, aber daran sind Übergroße meist gewöhnt.

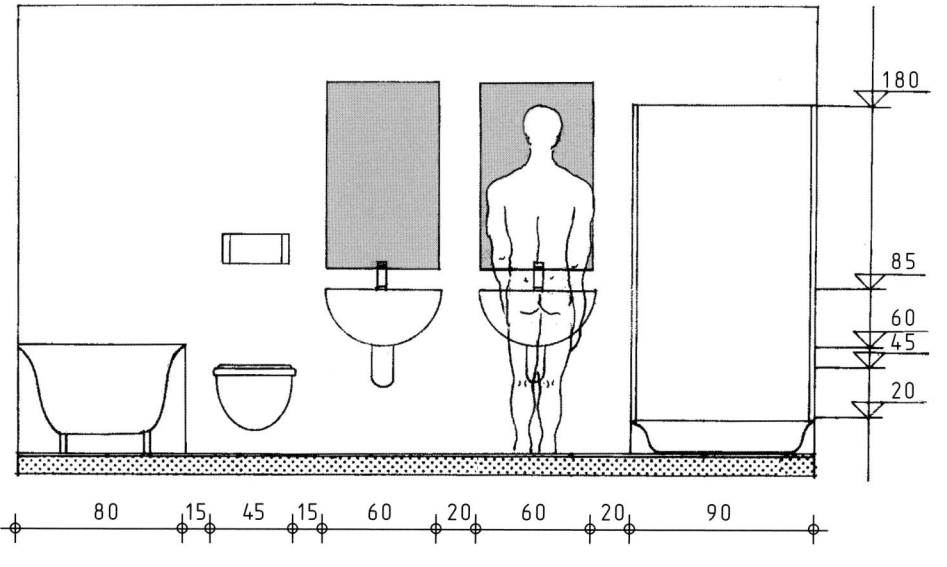

Bewegungsraum

Für die einzelnen Sanitärobjekte sind aus Erfahrung bestimmte Höhenmaße festgelegt, auf die auch die vorgefertigten Installationsbausteine Rücksicht nehmen.

Die Höhen können um ca. 5 cm nach oben oder unten differieren. Die Abstände zwischen den Objekten sollten für optimalen Benutzungskomfort eingehalten werden.

Höhen- und Breitenmaße

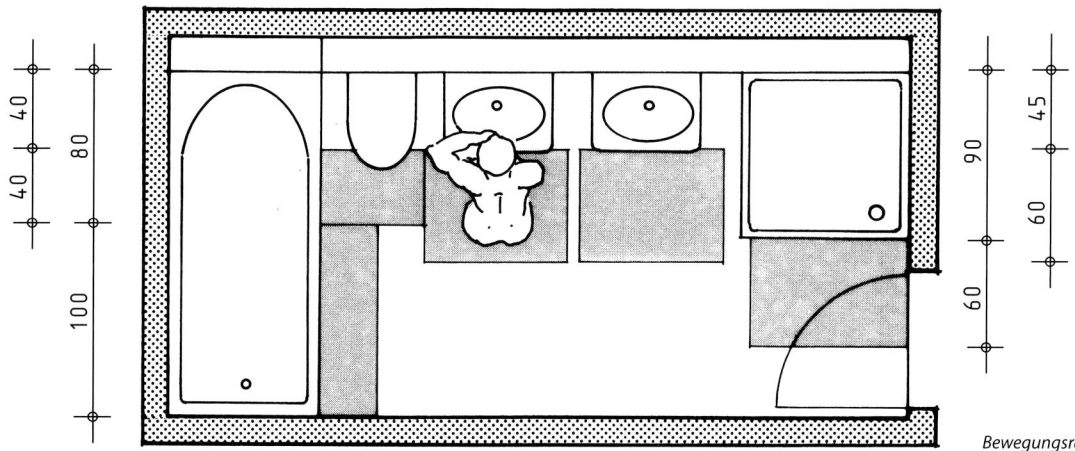

Bewegungsräume

Dachschrägen

Beim Ausbau von Dachräumen und in Einfamilienhäusern liegen die Bäder oft unter der Dachschräge. Betrachtet man den Grundriss, ist man begeistert von der Größe des Raumes. Wenn die Planung fortschreitet, merkt man dann, dass die Grundfläche nicht voll zu nutzen ist. Zwar gibt es meist ein oder zwei gerade Wände, die man aber für das Waschbecken mit dem Spiegel nutzen will. Badewanne, WC und eventuell Dusche müssen unter die Schräge.

Wir haben für drei gängige Dachneigungen untersucht, wie viel Platz man opfern muss, um ein bequemes Benutzen zu ermöglichen. Die Höhe des Kniestocks sollte 1 m nicht unterschreiten.

WC

Für das Benutzen des WCs ist der Platzbedarf maßgebend, den man für die sitzende und stehende Position einhalten muss. Durch den Einbau des Spülkastens rückt bei flacher Dachneigung die Abmauerung weiter in den Raum.

Platzbedarf bei verschiedenen Dachneigungen

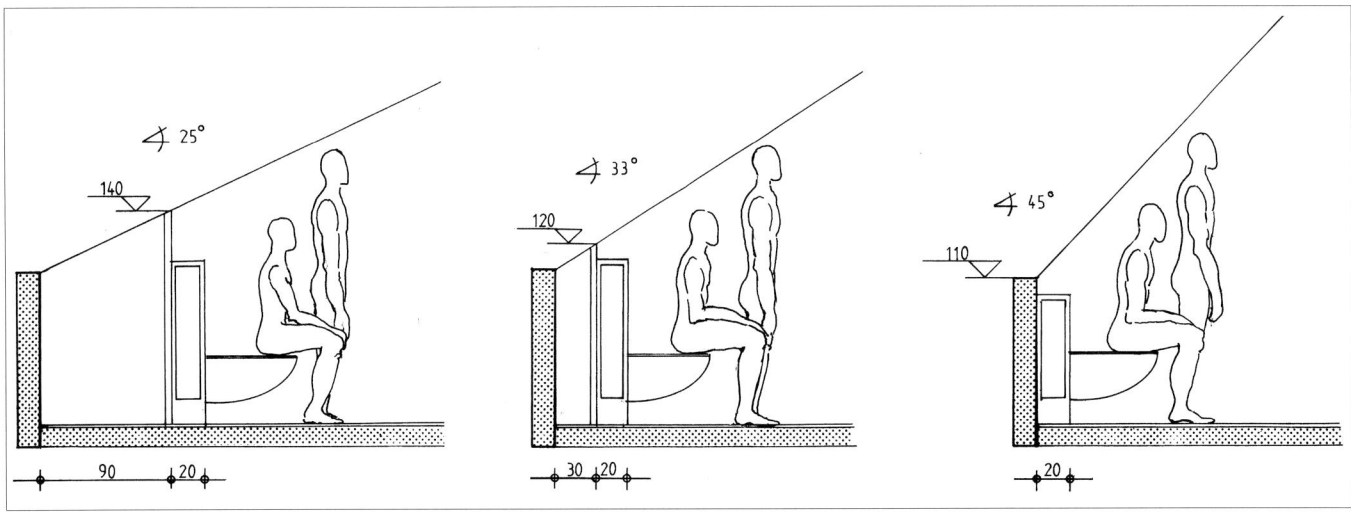

Dusche

In der Dusche sollen über dem Kopf des Benutzers ca. 20 cm Platz sein, damit der Kopf geduscht werden kann. Daraus ergibt sich eine Mindesthöhe an der Rückseite der Duschtasse, die je nach Dachneigung variiert.

Eckige Duschabtrennungen können an die Schräge angeglichen werden, kreisförmige können nur eine durchgängige Höhe haben und müssen entsprechend in den Raum gerückt werden.

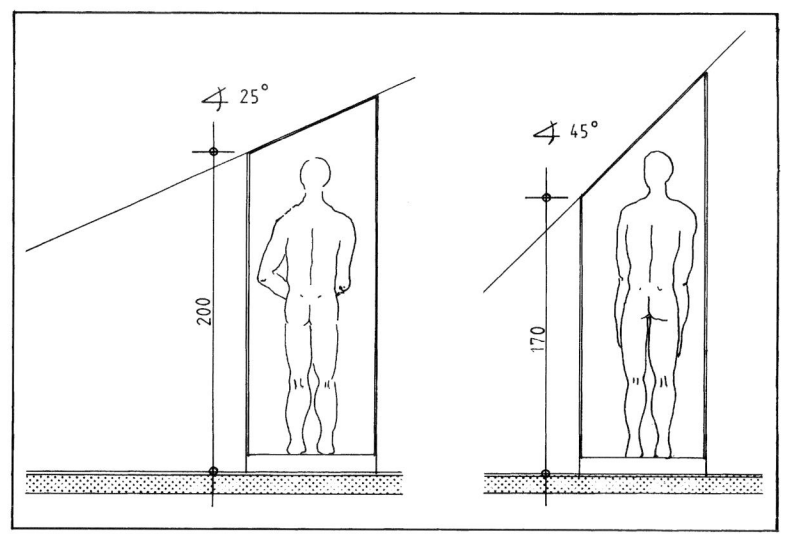

Mindesthöhen
für Duschen

Badewanne

Für alle angegebenen Dachneigungen kann die Wanne mit der Schmalseite an die Außenwand gestellt werden, wenn sie eine Mindestlänge von 1,60 m hat. Soll parallel zur Wand möb-liert werden, sind die in der Zeichnung angegebenen Abstände einzuhalten. Das bequeme Aussteigen und das Stehen vor der Wanne müssen garantiert sein.

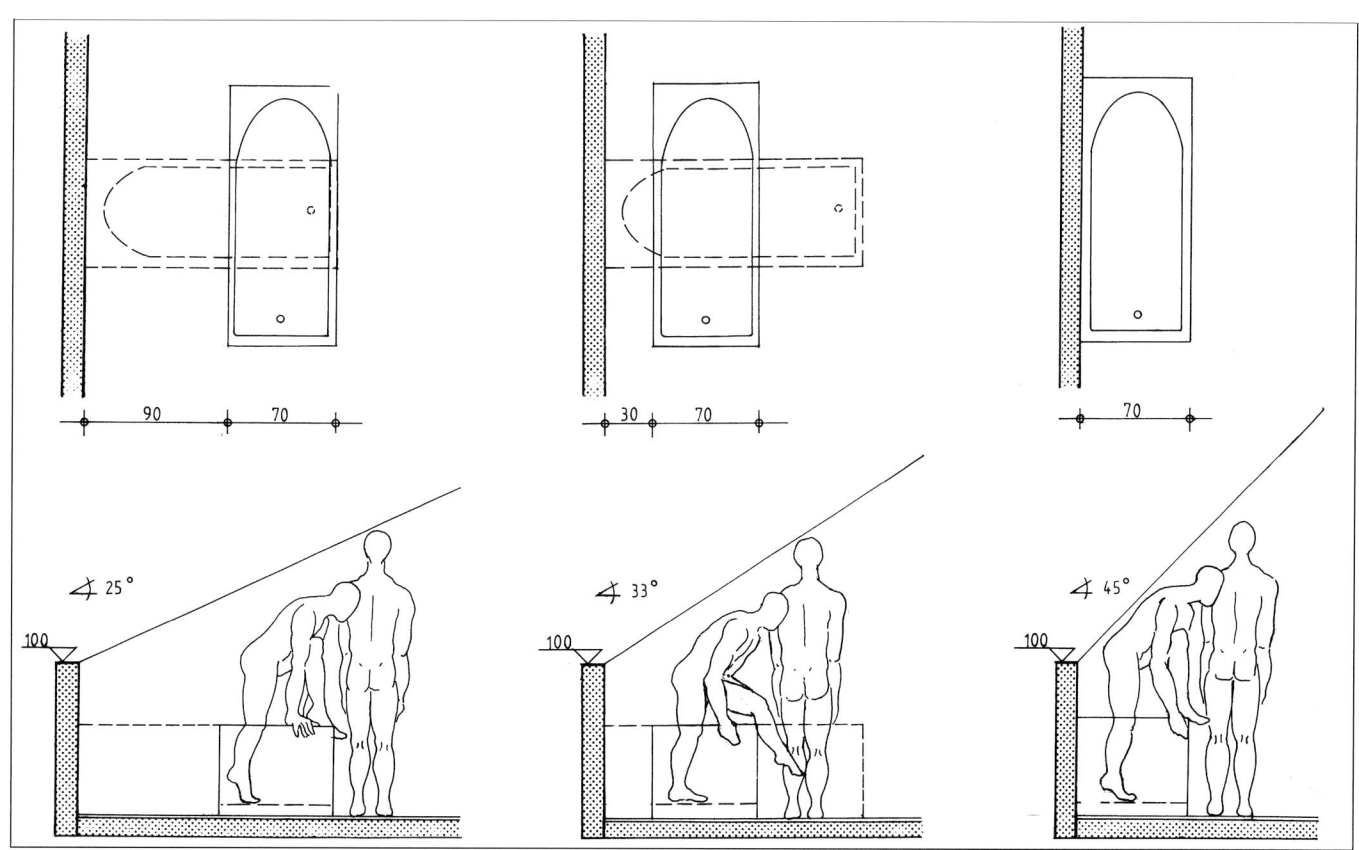

Wanne unter einer
Dachneigung 25°

Wanne unter einer
Dachneigung 33°

Wanne unter einer
Dachneigung 45°

2

Installation

Sanitärbausteine und Vormauerungen

Wenn wir ein Bad planen, finden wir selten die idealen Voraussetzungen für die Anschlüsse der Sanitärobjekte. Nur bei Neubauten können wir die Installationen nach unseren Wünschen gestalten, die Rohre in die Wände verlegen oder im Geschossbau eigene Versorgungsschächte planen. Bei Umbauten oder im Altbau haben wir die Möglichkeit, mit Vorwandinstallationen zu arbeiten. Ohne Fliesen abschlagen und Wände aufstemmen zu müssen, können Leitungen dahin verlegt werden, wo sie gebraucht werden. Dadurch wird gleichzeitig eine gute Schalldämmung erreicht. Die Industrie bietet beliebig kombinierbare Bauelemente an, die als Ständerwerk vor die Wand gesetzt werden und neben sämtlichen Leitungen und Anschlüssen auch die Spülkästen aufnehmen.

Da man im Bad nie genug Ablagefläche hat, empfiehlt es sich, die Oberkante der Elemente als Stufe an der Wand auszubilden. Besonders im Bereich des Waschbeckens bietet sich diese Lösung an. Die meisten Elemente haben eine einheitliche Höhe von

1,10 m. Diese Höhe als Proportionsteilung für die normal hohe Wand (2,50 m) ist aber nicht sehr zufriedenstellend. Für das WC gibt es ein Element mit Druckspülung von oben, das eine Einbauhöhe von 85 cm erlaubt. Da das WC das einzige Sanitärelement ist, für das wir den Installationsblock unbedingt brauchen (ein WC mit Spülkasten sehen wir nur als Notlösung), können wir das Waschbecken auf herkömmliche Weise installieren und erhalten so eine durchgehende Ablagehöhe von 85 cm.

Dusch- und Bidet-Elemente sind so hoch, dass wir sie besser völlig in die Wand integrieren, zumal sich damit im Duschbereich Raumteiler ausbilden lassen.

Wir sehen häufig, dass Elemente mit verschiedenen Höhen und Tiefen wahllos je nach Bedarf vor der Wand verteilt werden und dadurch ein wildes Durcheinander von Ecken und Kanten entsteht. Wir müssen versuchen, durch gute Planung die Installationsblöcke einem gestalterischen Gesamtkonzept unterzuordnen.

Vor der Mauer ausgeführte Installationen mit Hilfe von Sanitärblöcken

Waschbecken und WC als Installations-einheit: Der WC-Baustein mit Druck-spülung von oben gibt mit einer Höhe von 85 cm die horizontale Linie der Ablage vor. Im Bereich des Wasch-beckens wird in herkömmlicher Weise aufgemauert. Den uneinheitlichen Untergrund verdeckt der Fliesenbelag.

Um mit dem Bidet-Element eine einheitliche Vorwandinstallation zu erhalten, muss man dessen Höhe von 1,10 m aufnehmen. Dadurch entstehen die Proportionen, die wir aus den meis-ten Bädern kennen, aber nicht beson-ders schätzen. Die Wandfläche wird vertikal in zwei fast gleiche Teile geteilt.

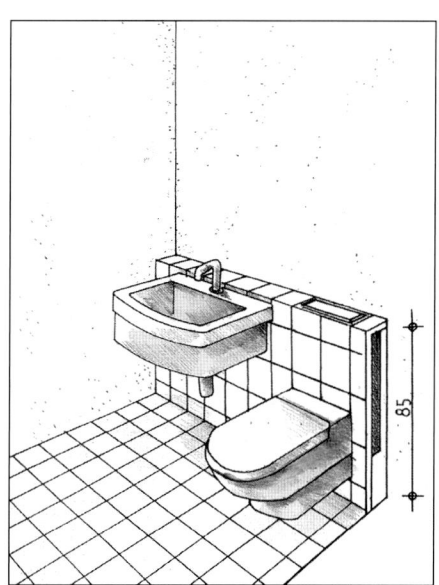

Waschtisch und WC an 85 cm hoher Vormaue-rung

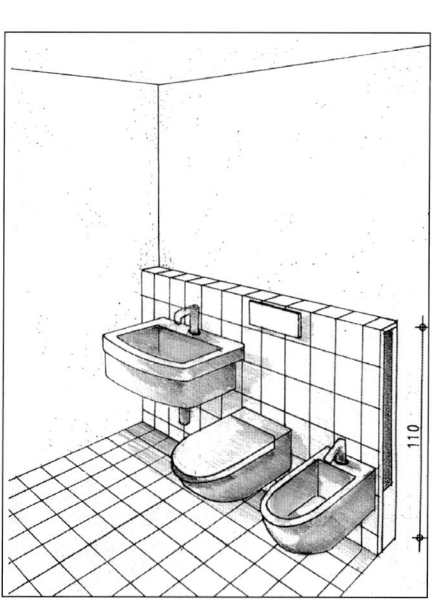

Waschtisch, WC und Bidet an 1,10 m hoher Vormauerung

Durchgehende Verblen-dung der Installations-wand

Podeste

Das größte Problem beim Umbau von Bädern ergibt sich beim Umsetzen des WCs. Wasserzu- und -ableitungen lassen sich relativ einfach verlegen, das WC-Fallrohr dagegen macht durch den größeren Durchmesser von 10 cm Schwierigkeiten. Mit einem Gefälle von mindestens 2 % kann das Fallrohr einige Meter horizontal verzogen werden. Wenn dies nicht in der Wand möglich ist, baut man ein Podest und verlegt darunter das Rohr. Dadurch kann man das Bad auch im Fußbodenniveau gliedern. Zum Beispiel erhöht man die Badewanne durch Stufen oder hebt ganze Raumteile auf eine höhere Ebene. Oft werden die verschiedenen Zonen auch noch durch unterschiedliche Materialien betont.

Verlegen von Leitungen

Als Beispiel für das Verlegen von Leitungen soll folgender Umbau dienen:

Die Eigentümer hatten eine Luxuswohnung mit Marmorbad gekauft. Abgesehen vom Material entsprach das Bad in keiner Weise dem angekündigten Standard: eine Badewanne 170 × 70 cm, ein einfaches Waschbecken an der Wand, ein WC und ein Waschmaschinenplatz mit den Abmessungen 56 × 56 cm vor dem Türrahmen. Von einem Installationsschacht ausgehend lagen alle Leitungen vor den Wänden und waren mit Vormaue-

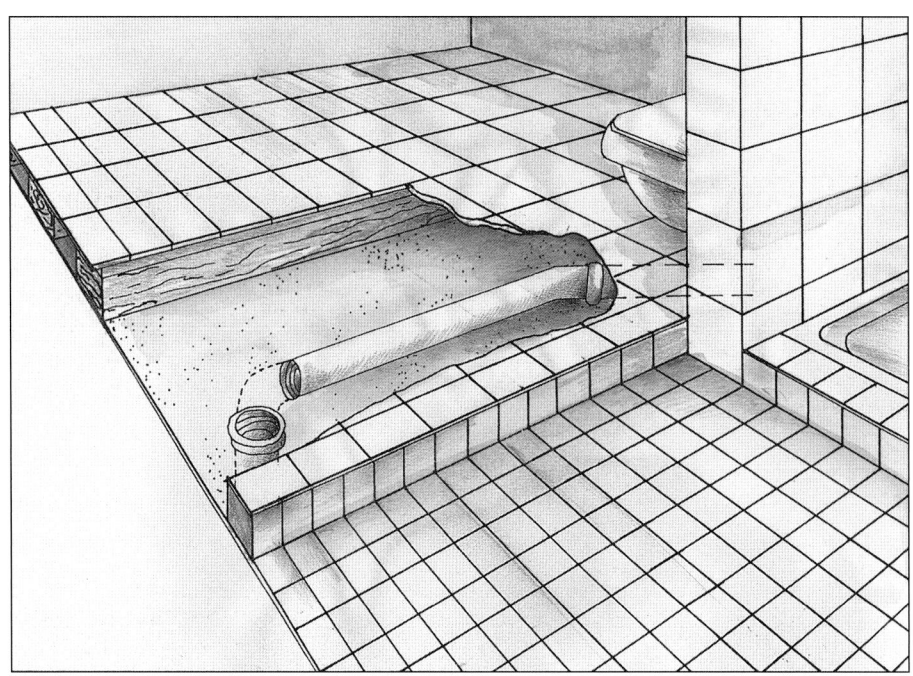

Verlegen des WC-Rohres unter 20 cm hohem Podest

rungen in verschiedenen Höhen und Breiten verkleidet worden.

Das Bad sollte nun den gehobenen Ansprüchen entsprechend umgestaltet werden. Zu beiden Seiten einer komfortablen Eckbadewanne wurden Granitablagen eingebaut, die links das Waschbecken und rechts im Unterbau die Waschmaschine aufnehmen konnten. Das WC bekam eine Vorwandinstallation in Höhe von 85 cm, die es ermöglichte, eine durchgehende horizontale Linie einzuhalten. Alle Leitungen konnten hinter die Einbauten gelegt werden.

Das Beispiel zeigt, dass Vorsicht geboten ist bei allzu leichtfertigem Umgang mit modernen Installationsmethoden!

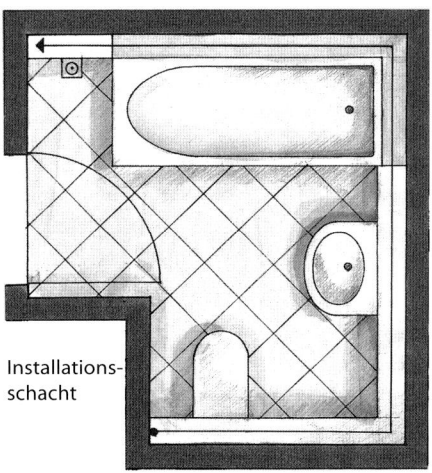

Installationsschacht

Grundriss vor dem Umbau

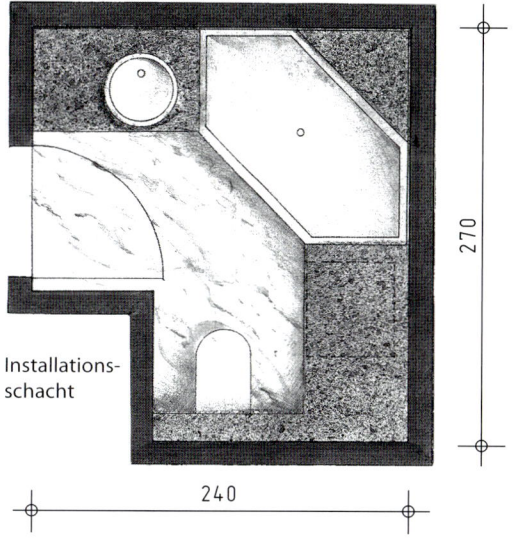

Installations-
schacht

270

240

Grundriss nach
dem Umbau

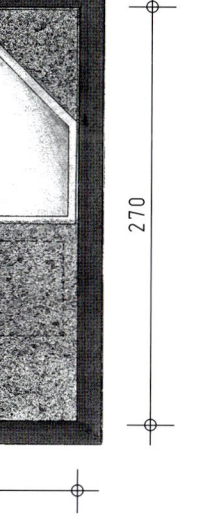

Waschmaschinenan-
schluss vor dem Umbau

Vormauerungen vor
dem Umbau

Das Bad nach
dem Umbau

3
Heizung

Zu den baulichen Voraussetzungen, die für ein Bad geschaffen werden müssen, gehört die Heizung. Der Heizkörper ist bei der Planung oft störend, zumal der günstigste Standort, die Heizkörpernische, in den meist fensterlosen Räumen fehlt. Hier bietet sich die oft schon im Bau vorgesehene Fußbodenheizung an, deren Heizleistung durch Fliesenböden besonders effizient ist. Bei älteren Häusern und Umbauten besteht die Möglichkeit, beim Verlegen der Fliesen millimeterdünne elektrische Heizmatten in den Kleber einzubetten. Sie zeichnen sich durch einfachen Einbau und günstige Installationskosten aus. Die Betriebskosten sind jedoch relativ hoch.

Marmorverkleidung mit integriertem Plattenheizkörper unter dem Waschtisch

Waschtischhoher Handtuchwärmer für Wand-Boden-Montage

Transparenter Heizkörper aus Glas, auch mit Handtuchstange erhältlich

Als Alternative gibt es eine große Auswahl an modernen Heizkörpern, die in
dekorativem Design und zahlreichen
Farben angeboten werden und gleichzeitig als Handtuchhalter dienen. Sie
werden frei vor die Wand, unter dem
Waschbecken oder, wie gehabt, in die
Fensternische eingebaut. Betrieben
werden sie elektrisch und/oder durch
Anschluss an das Warmwasser-Heiz-
system. Es gibt auch elektrische Plattenheizkörper, die auf Natursteinplatten
befestigt und so als dekorative Verklei-
dungen eingesetzt werden können.
Die schönste Heizung ist die, die man
nicht sieht!

*Nostalgischer Handtuch-
wärmer fürs Stilbad*

*Heizkörper mit
verdeckten Anschlüssen*

*Heizkörper mit
charakteristischer Karo-
Struktur*

*Der klassische Heizkörper
und Handtuchtrockner*

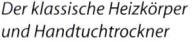

4
Licht

Kontrast zur modernen Ausstattung: ein Kronleuchter

Für die Beleuchtung im Bad sollte man grundsätzlich beachten:

Wir brauchen zwei verschiedene Lichtquellen – eine Allgemeinbeleuchtung für den ganzen Raum und eine besondere Beleuchtung für den Spiegel über dem Waschbecken.

Bei beiden Systemen sollten die gleichen Lampen verwendet werden. Wir haben die Wahl zwischen Glühlampen, Leuchtstofflampen und Halogenlampen.

- Glühlampen geben warmes, weiches Licht.
- Leuchtstofflampen – vorzugsweise in der Farbe »warmweiß« – sind sparsam und garantieren eine gute Farbwiedergabe. Hierher gehören auch die als Sparlampen bezeichneten Kompaktleuchtstofflampen.
- Halogenlampen verbreiten strahlendes Licht und erhellen auch in dunklen Farben gehaltene Räume. Niedervoltlampen haben sehr geringe Abmessungen und lassen sich platzsparend einbauen. Stromsparend sind sie allerdings nicht: 300 Watt, auf mehrere Deckenstrahler verteilt, empfinden wir auch in kleinen Räumen als angenehme Beleuchtung.

Für extravagante, nicht unbedingt für Bäder vorgesehene Lampen – z. B. Kronleuchter – müssen mit dem Elektriker geeignete Schutzmaßnahmen getroffen werden.

Deckenleuchten

A: Außenleuchte, für Feuchträume geeignet

B: Ganzglas-Deckenleuchte

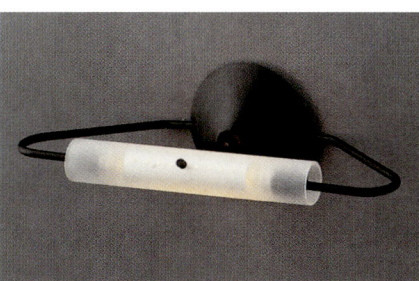

C: Decken-Halogenleuchte

D: Deckenleuchte, in verschiedenen Größen erhältlich

E: Niedervolt-Halogenleuchten für Feuchträume

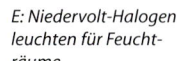

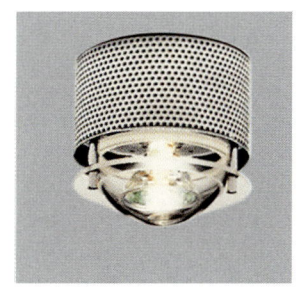

Spiegelleuchten

Für die Beleuchtung des Spiegels bieten sich folgende Varianten an:

● Die Leuchten werden in den Spiegel oder den Kosmetikschrank integriert.

● Einzelne Leuchten werden über oder paarweise neben dem Spiegel montiert.

● Indirekte Beleuchtung wird durch wandbündige Glasscheiben vor eingebauten Leuchtstoffröhren erzeugt (siehe S. 128, Abb. oben rechts).

Hinterleuchteter Spiegel mit sandgestrahlter, lichtdurchlässiger Umrandung

Die immer beliebte Beleuchtung der Künstlergarderobe mit ringsum aufgesetzten Glühlampen

*Edel gefasste Leucht-
stoffröhre*

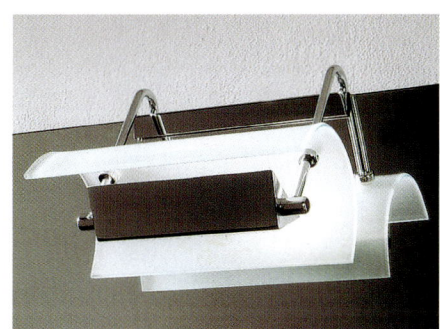

Stabglühlampen

*Mitte: Indirekt strahlende
Leuchten über dem
Spiegel*

*Paarweise seitlich zu
platzierende Leuchten*

5
Oberflächen

Wand- und Bodenbeläge

Die Einrichtung eines neuen Bades führt zuerst zu der Frage: »Wie soll das Bad aussehen?« Gemeint ist die Wahl des Materials für Wand- und Bodenbeläge, denn damit bestimmen wir den Stil des Raumes. In letzter Zeit ist man vom praktischen kühlen Fliesenbelag zu wärmeren, wohnlichen Oberflächen übergegangen.

Wir können je nach Geschmack und Geldbeutel wählen.

- Keramische Beläge
  - Fliesen, unglasiert – stumpfe Oberfläche, rutschfest
  - Fliesen, glasiert – glänzende farbintensive Oberfläche
  - Feinsteinzeug – unempfindlich, dichte Oberfläche
- Kunststein – Aussehen wie Feinsteinzeug, unterschiedliche Herstellung
- Glasmosaik – strahlende Farben, geeignet für bildliche Darstellungen und organische Formen
- Glasfliesen – strahlende Farben, Transparenz
- Naturstein
  - Marmor – kristallin, einfarbig bis stark geädert, säureempfindlich
  - Granit – fein bis grobkörnig, hart, relativ unempfindlich
- Holz – warm, gemütlich, mit Sonderbehandlung gegen Feuchtigkeit
- Verputzte Wand – nicht sehr widerstandsfähig, aber leicht zu renovieren
- Glasfasertapete – lackiert, strukturiert, geeignet für Dachschrägen
- Stahlblech – als Fliesen und Paneele, technisch, kühl

*Goldenes Glasmosaik
als Fußboden, ein kaum
erschwinglicher Traum*

Natursteine

*Carrara-Marmor im
Zusammenspiel mit
schwarzen Fliesen und
Hightech-Accessoires
für ein modern-kühles
Ambiente*

bianco carrara

bianco perla

bianco perlino

Beispiele für Marmor in warmen Tönen

bianco statuario g.

breccia croata

pietra rosa

romanovac

rosa ducale

Travertin in großformatigen Platten

Verschiedene Beläge

Die Oberflächengestaltung kann hier
nur in einer kurzen Übersicht behan-
delt werden. Der umfangreiche erste
Teil dieses Buches zeigt eine große
Anzahl von geplanten und ausgeführ-
ten Bädern, die am besten die verschiedenen Materialien demonstrieren
und eine spontane Entscheidung
ermöglichen.

Für alle Materialien muss gelten:
Keine Imitationen! Wer z. B. die Optik
von Marmor möchte, sollte auch Marmor verwenden. Es gibt außerdem
viele neue Baustoffe, die nicht imitieren
wollen, sondern ihre eigene Ober-
flächenstruktur haben.

*Natürliche Materialien:
Holzdielen-Boden und
geputzte Wand mit einer
Glasscheibe als Spritz-
schutz. Das Bad wird
zum Wohnraum.*

Wand-Proportionen

Bedingt durch die architektonischen
Vorgaben der Türen und Fenster, der
Sanitärgegenstände, der Vormauerungen
und des Raumes ergeben sich im Bad
verschiedene Höhen, die zur Gestaltung
genutzt werden können.

Man sollte den Wandbelag nach
oben begrenzen:

- in Brüstungshöhe (ca. 85 bis 110 cm),
- in Türhöhe (ca. 190 bis 210 cm),
- in Raumhöhe (ca. 250 cm).

Bei höheren Räumen sollte man auf
eine der vorgenannten Möglichkeiten
zurückgreifen. Auch waagerecht abge-
strahlte Dekostreifen teilen den Raum
in angenehme Proportionen.

*Holzpaneele als Wand-
verkleidung*

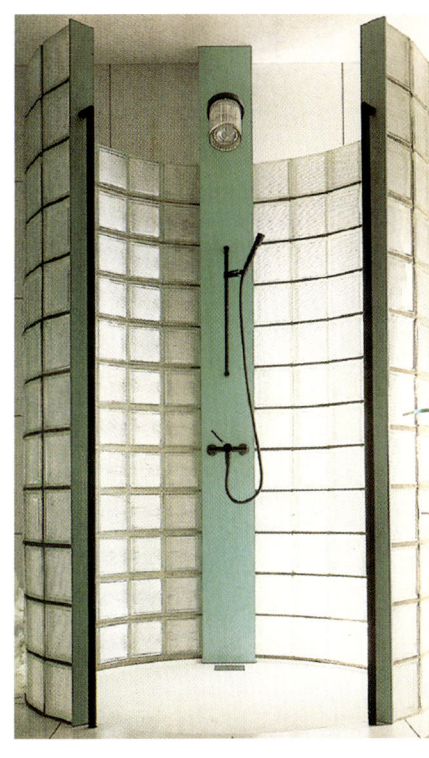

Links: Pfennigmosaik

*Rechts : Glasbausteine –
konstruktives Material
mit dekorativer Ober-
fläche*

Links: Edelstahl

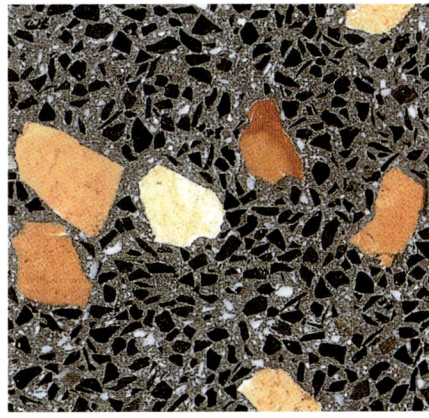

*Rechts:
Kunststein für Böden*

Fliesen

Der Gegensatz von kaltem Weiß, üppig eingesetzten Edelstahl-Accessoires und bruchrauem Schieferboden erzeugt eine Atmosphäre von spielerischer Leichtigkeit.

Die gute alte Fliese, heute vielfach als altmodisch abgetan, kann in neuen Materialkombinationen, ungewöhnlichen Formaten und starken Farben für ausgefallene Entwürfe verwendet werden.

Indirekte Beleuchtung erzeugt auf den Flächen aus rotem Mosaik ein fantastisches Farbenspiel.

Die Verbindung von Edelstahl und weißer Keramik bringt die schwarzglänzenden Fliesen zum Strahlen.

6

Stauraum

*Golden gerahmte Nische
in einem romantischen
Bad*

Regale und Ablagen voller zusammen-
gewürfelter Kosmetikartikel können
die schönste Badplanung zunichte
machen. Am besten ist es, die Sachen
in Schränke zu verstauen und nur einige schöne Exemplare und Accessoires
dekorativ zu platzieren, z.B. schön
zusammengelegte Handtücher.

Der überall einsetzbare
mobile Container

Ein so genannter
Apothekerschrank als
Raumteiler

III
Sanitärobjekte

Die Wahl der passenden Sanitäreinrichtung ist eine
Wissenschaft für sich. Der Markt bietet dem Käufer ein viel-
fältiges Sortiment und hält für jeden Bedarf das richtige
Modell bereit. Gut, wenn man die Eigenschaften, die Vor-
und Nachteile der verschiedenen Produkte kennt.

Wir geben Ihnen einen aktuellen Überblick und beschrei-
ben alle notwendigen Kriterien für einen Kauf ohne Reue.

1

WC und Bidet

WC und Bidet sind Sanitärgegenstände, die wir notgedrungen im Bad dulden müssen. Wenn wir genug Raum zur Verfügung haben, können wir sie vom Hauptraum abtrennen als ein eigenes »Cabinet«.

Ist in der Wohnung kein zusätzliches Gäste-WC vorhanden, wäre es sinnvoll, das WC, auch zusammen mit

der Dusche, in einem Vorraum unterzubringen, der mit dem Bad durch eine Tür verbunden ist, so dass Gäste nicht das Bad betreten müssen und das WC trotzdem ins Bad integriert ist.

Bei einer Neubauplanung versuchen wir natürlich, WC und Bidet an der Wand aufzuhängen, um Bodenfreiheit zu haben und den Spülkasten

in die Wand einzubauen. Bei den meisten Bad-Planungen ist man aber von bereits vorhandenen baulichen Vorgaben abhängig, sei es, dass Versorgungsschächte nicht dort liegen, wo wir sie brauchen, sei es, dass in Altbauten das Fallrohr fürs WC in den Fußboden mündet und der Spülkasten nicht in die Wand zu integrieren ist.

Hänge-WC aus Edelstahl

Stand-WC für Unterputz-Spülkasten

Hänge-WC für Unter-putz-Spülkasten

Stand-WC mit aufge-setztem Spülkasten

Stand-Bidet

Für alle diese Fälle hat die Industrie vorgesorgt. In allen Design-Serien gibt es passend zum Waschbecken Modelle für WC und Bidet, die diesen Voraussetzungen Rechnung tragen: Stand-Modelle für den Bodenanschluss mit oder ohne Spülkasten und Hänge-Modelle mit Spülkasten. Eine gute Lösung aller Probleme sind Vormauerungen, in denen man Spülkästen unterbringen und Rohre und Leitungen verlegen kann (siehe unter »Vormauerungen«, Seite 124f.).

In neueren Serien gibt es nun auch Modelle, die aus dem Stand-WC mit Spülkasten ein besonderes Design-Erlebnis machen.

Als Material kommen hauptsächlich weiße Keramik und, seltener, Edelstahl in Frage. Farbige Keramik ist im Moment nicht sehr gefragt, da kalkhaltiges Wasser darauf unschöne weiße Kalkspuren hinterlässt.

Die Art der WC-Ausbildung (Flach- oder Tiefspülklosett) und die Art der Spülung sollten nach den Wünschen der Badbesitzer und mithilfe des Fachhandels entschieden werden.

WC und Bidet als Stand-modell mit integriertem Spülkasten

Hänge-Bidet

Hänge-WC mit aufge-setztem Spülkasten

Funktionelle Bad-Serie: Hänge-WC und Bidet mit Unterputz-Spülkästen

2
Waschbecken

Das Waschbecken ist von den als Grundausstattung üblichen Sanitärgegenständen der kleinste, aber an ihm verbringen wir die meiste Zeit.

Badewanne und Dusche sind aufgrund ihrer Größe die beherrschenden »Möbel« im Raum, das Waschbecken jedoch nimmt eine Sonderstellung ein, da wir hier mit den verschiedensten Requisiten eine perfekte Inszenierung veranstalten: Becken und Armaturen, Ablagen mit den vertrauten Utensilien, schmeichelndes Licht, alles arrangiert um den Spiegel mit unserem Bild.

Die Entscheidung für Form, Farbe und Material des Waschbeckens fällt immer schwerer, weil Zeitschriften, Prospekte und Ausstellungen mit einer Flut von Entwürfen und Angeboten aufwarten.

Wir wollen hier übersichtlich die verschiedenen Möglichkeiten zeigen, wie man den Waschtisch gestalten kann, vom einfachen Keramikbecken bis zum eingebauten Möbel. Wir teilen das Angebot ein in:

- Keramik-Waschbecken, freihängend und mit Standsäule,
- freistehende Waschtische,
- Becken mit integrierter Ablage,
- Einbaubecken,
- Waschtischmöbel.

Waschbecken aus Naturstein, gefertigt aus einem Block

Material

Zuerst wollen wir die verschiedenen Materialien vorstellen, aus denen heute Waschbecken hergestellt werden:

- Keramik, weiß oder farbig, unverwüstlich, robust, freitragend, hygienisch, preiswert;
- Acryl, weiß oder farbig, warm, mit Motiven unterlegbar (nur für Einbaubecken);
- Polymer-Kunststoff wie Corian oder Varicor, fugenlos einschleifbar, warm, pflegeleicht;
- Metall: Edelstahl, Messing, Kupfer, hart, robust;
- Stahl, emailliert, vereint die Vorteile von Metall und einer glatten, glänzenden Oberfläche;
- Glas, transparent, farbintensiv;
- Naturstein, extravagant, teuer;
- Holz, optisch und haptisch warm.

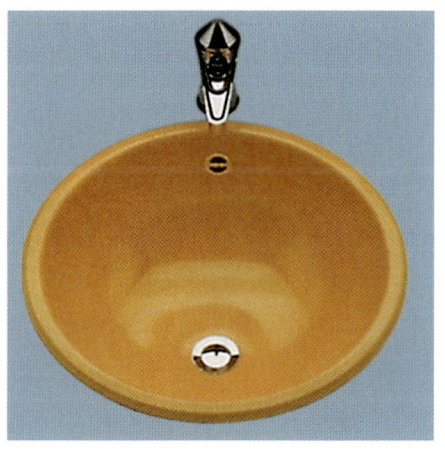

Stahl, emailliert

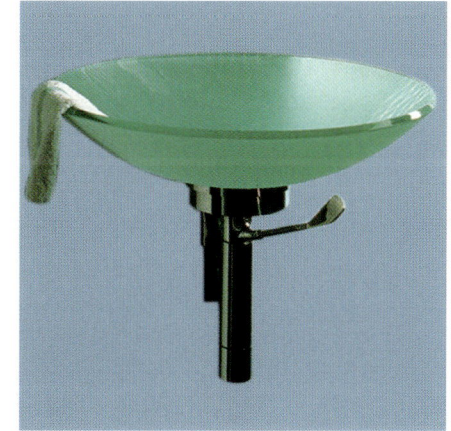

Glas

Acryl

Holz

Edelstahl

Naturstein

Polymer-Kunststoff

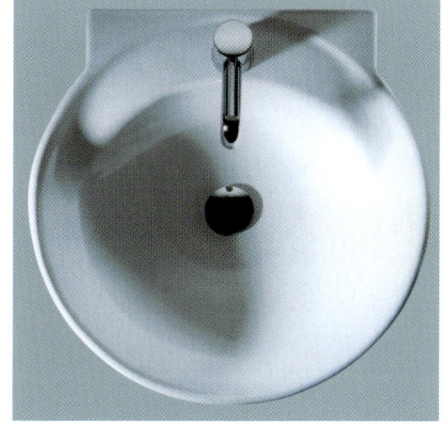

Keramik

Terrakotta

Keramikwaschbecken

Das klassische Waschbecken ist aus weiß glasierter Keramik, appetitlich, strahlend, unverwüstlich, pflegeleicht. Trotz aller Neuerscheinungen wird es immer seinen Platz behaupten und sich in alle Stilrichtungen einfügen. Das Keramikbecken kann dank seiner statischen Eigenschaften frei vor die Wand gehängt werden. Die für manche Benutzer unschönen sichtbaren Rohre und Anschlüsse lassen sich verkleiden. Üblich sind Halbsäulen oder Standsäulen aus dem gleichen Material. Besonders schön ist die Verkleidung aus verchromtem Blech, da der technische Eindruck der Installation erhalten bleibt.

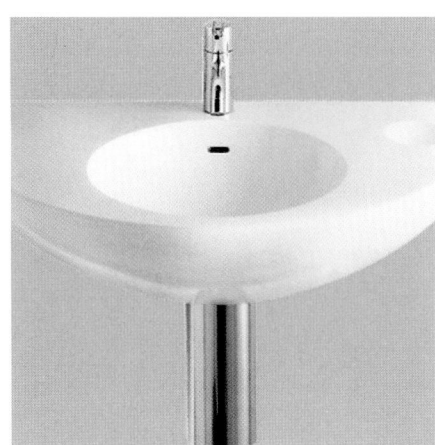

Halbrundes Becken mit
verchromter Verkleidung

Nostalgisches Becken mit
angeformter Blende

Strenges Industrie-
Design

Becken mit Halbsäule
und Handtuchstangen

Becken im
klassizistischen Stil

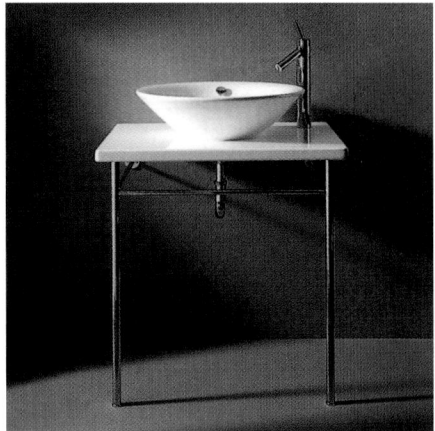

Auf den Tisch aufgesetzte
Waschschüssel

Waschbecken in ihrer ganzen Vielfalt

In den letzten Jahren ist rund ums Waschbecken ein wahrer Designer-kampf ausgebrochen. Jedes Jahr werden neue Formen in verschiedensten Materialien auf den Markt gebracht.

Tendenzen sind: minimalistische Formen von industrieller Klarheit und die fast nostalgische Erinnerung an die Waschkumme, jetzt allerdings angeschlossen an Wasserleitung und Abfluss.

A: Glas und Edelstahl

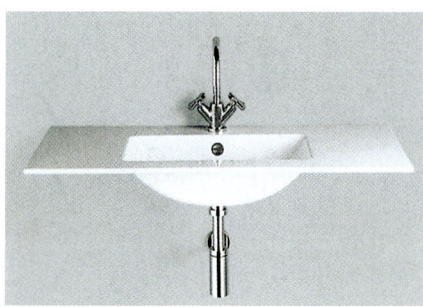

B: Glasierter Stahl

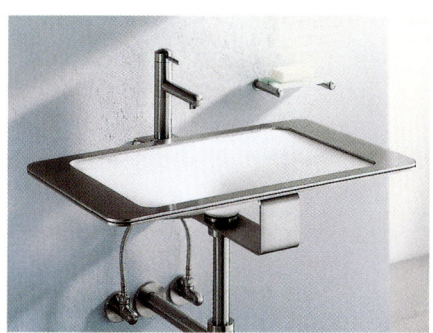

C: Stahl und Silikonfolie

D: Edelstahl pur

Glastisch mit eingebautem Edelstahlbecken und Handtuchring

Freistehende Waschbecken

Eine modische Erscheinung sind freistehende Waschbecken, die bei aller
Attraktivität eher unpraktisch sind. Im
günstigsten Fall kann man auf einem
breiteren Rand etwas abstellen. Man
muss auf jeden Fall im Umfeld des
Beckens für ausreichend Ablagefläche
sorgen. Zweifellos bietet sich mit diesen Becken dem Gestalter ein weites
Feld für das Spiel mit Form, Farbe und
Material. Die zierlicheren Exemplare
können auch paarweise aufgestellt
werden und sind besonders geeignet
für Armaturen, die direkt in der Wand
installiert sind.

*In eine Marmorplatte
eingelassenes Edelstahl-
becken auf einem Gestell
aus Kirschbaum*

*Aluminium-Schale auf
runder Holzsäule*

*Konischer Unterschrank
mit Keramikbecken*

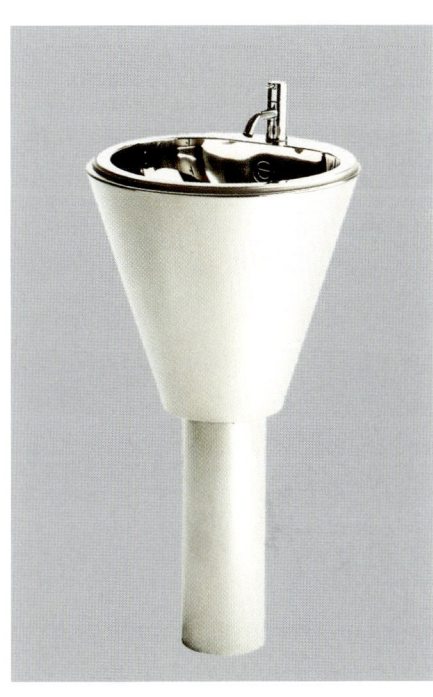

*Kegelförmiges Becken
aus Edelstahl*

*Weißes Becken auf
kantiger Holzsäule*

*Flaches Glasbecken auf
kreisrundem Rohrgestell*

Weißer Keramikbrunnen

Einbauwaschbecken

Der Waschtisch mit großer Ablage und eingebautem Becken bietet besonders viel Platz für Accessoires und Dekoration und gewährleistet eine harmonische Raumgestaltung. Zwischen zwei Wände eingespannt oder als eigenständiges Möbel, mit oder ohne Unterbau, fügt er sich durch die Kombinierbarkeit aller gewünschten Materialien in jedes Konzept.

Für den Einbau gibt es spezielle Becken, deren Ränder eine wasserdichte Anpassung garantieren. In Natursteinplatten wird das Becken meist untergebaut, um den massiven, schön bearbeiteten Rand des Steins zu zeigen. Bei Platten aus Holz oder Glas ist es vorteilhafter, das Becken mit dem Rand aufzusetzen. Die Armaturen können innerhalb oder außerhalb installiert werden, je nachdem, ob im Becken eine Lochbohrung vorgesehen ist.

Unterschränke bieten viel Stauraum und Platz für verdeckte Anschlüsse und Leitungen und sind ideal zum Verstecken von Waschmaschine und Wäschetrockner.

Waschtisch aus Marmor Rosso Verona mit lackiertem Unterschrank und aufgesetztem Acrylbecken

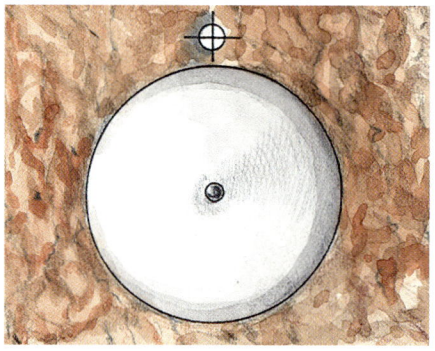

Unterbaubecken, Armatur in der Tischpaltte

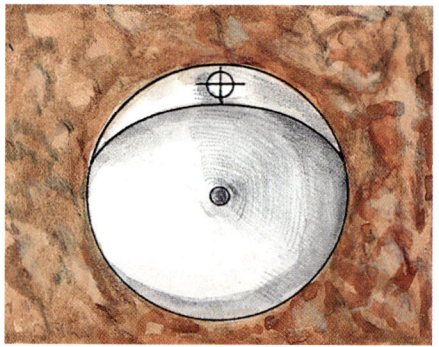

Unterbaubecken mit integrierter Armatur

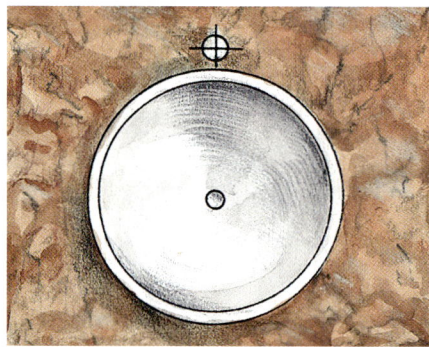

Aufgesetztes Becken, Armatur in der Tischpaltte

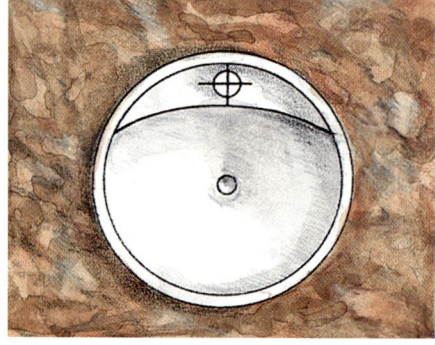

Aufgesetztes Becken mit integrierter Armatur

*Gläserner Waschtisch
mit Einbaubecken aus
Edelstahl*

Halbeinbaubecken

Eine Besonderheit stellen so genannte
Halbeinbaubecken dar, die nur halb in
Unterschrank oder Ablage eingebaut
werden. So kann man eine normale
Beckentiefe mit einem flacheren Möbel
kombinieren.

*Eckiges Halbeinbaube-
cken für passgenauen
Einbau von Seitenteilen
in jeglichem Material*

*Halbeinbaubecken mit
langen Seitenteilen auf
Unterschrank montiert*

*Halbeinbaubecken auf
beliebiger Konsole*

*Doppelwaschtisch mit
schneckenförmigen
Becken*

Multiplexplatten auf
Konsolen, dazu passende
Hängeschränke

Waschtischmöbel

Was wir aus der Küche längst gewöhnt sind, hält nun auch Einzug ins Bad: Fertigmöbel.

Manche Firmen bieten nur einzelne Waschtische an, andere bringen ganze Möbelprogramme auf den Markt. Der Vorteil des Bades aus dem Katalog liegt auf der Hand, da Fragen wie die der Beleuchtung der Spiegel, des Stauraumes und der Handtuchaufhängung bereits gelöst sind.

Auch mit Serienmöbeln kann man das Bad individuell gestalten, da sie in den unterschiedlichsten Materialien hergestellt werden.

Freistehende nostalgische Landhausmöbel

Kleine Ecklösung mit allen Funktionen

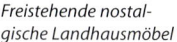

Minimalistisches Kleinmöbel

Maximaler Stauraum auf minimaler Fläche

3

Waschbeckenarmaturen

Die Armatur ist bei der Gestaltung des Badezimmers das Tüpfelchen auf dem i.

Technische Funktion wird in Design verpackt. Die Armatur ist der Gegenstand, den man berührt, den man bewegt, der Wasser fließen lässt. Am Waschbecken und an der Badewanne ist sie schmückendes Beiwerk, in der Dusche technische Notwendigkeit. Neuerscheinungen sind sehr der Mode unterworfen. Nostalgische Modelle erfreuen sich immer großer Beliebtheit.

Klassische Wandarmatur
fürs Waschbecken

Bei der Wahl der Armatur muss man zwischen drei Funktionsarten wählen:

- Dreilocharmatur mit zwei Griffen
- Einlocharmatur mit zwei Griffen
- Einhebelmischer

Wir können hier nur eine begrenzte Auswahl der drei Grundtypen zeigen. Die Entscheidung für das geeignete Modell muss in einer Ausstellung des Sanitärhandels getroffen werden.

V. l. n. r. Moderne Dreiloch-armaturen

*Einlocharmatur mit zwei
Griffen*

*Zweilocharmatur mit
zwei Griffen*

*Einhebelmischer für das
Aufsatzbecken*

*Links und Mitte: Moderne
Einhebelmischer*

Elektronische Armatur

4
Duschen

In unserer schnelllebigen Zeit ist das Baden in der Wanne zu einem besonderen Erlebnis geworden. Die tägliche Körperreinigung findet in der Dusche statt. So wird das Angebot an luxuriösen, mit allen technischen Raffinessen ausgestatteten Duschkabinen immer größer. Andererseits geht der Trend zum wohnlichen Badezimmer. Unsere Beispiele zeigen, wie man die Dusche unter Einbeziehung der Raumelemente weniger offensiv gestalten kann.

Sanftgraue Wandgestaltung, ein Podest mit niveaugleicher Duschtasse, Glas und wenig sichtbare Technik ergeben ein angenehm kühles Ambiente.

Die mit dem Marmor des übrigen Bades verkleidete Wandnische auf Fußbodenniveau wird ein wohnlicher Teil des Raumes.

*Trotz technischer Auf-
machung und riesiger
Glasscheiben fügt sich
die Doppeldusche
angenehm in die warme
Raumatmosphäre.*

Eine große Zahl von sehr eigenstän-
digen Duschelementen ist auf dem
Markt. Eine Auswahl davon wollen wir
hier vorstellen. Wir verzichten darauf,
die allseits gebräuchlichen Duschtas-
sen mit passenden Duschabtrennungen zu zeigen, die fast überall in der
Badezimmerecke ihren Dienst tun.

*Aus kreisförmigen
Elementen zusammen-
gesetztes Raumelement
zur freien Aufstellung im
Schlafraum.*

*Kombisäule. Ein High-
tech-Element mit Wasch-
becken an der Außen-
ecke der Dusche. Der
Ablauf auf Fußboden-
niveau erlaubt freie
Bewegung im Raum.*

*Zur besseren Übersicht:
der aus vorgefertigten
Teilen bestehende
Rohling.*

Eine große Duschkabine, die gleichzeitig als Sauna dient

Runde Duschtasse mit passender Glasabtrennung, die fast frei an der Wand steht

Ein beschwingtes Duschelement für die Raumecke. Die schneckenförmig angeordneten Glasabtrennungen verhindern das Spritzen nach außen. Der Holzrost bietet eine angenehme Haptik für die Füße.

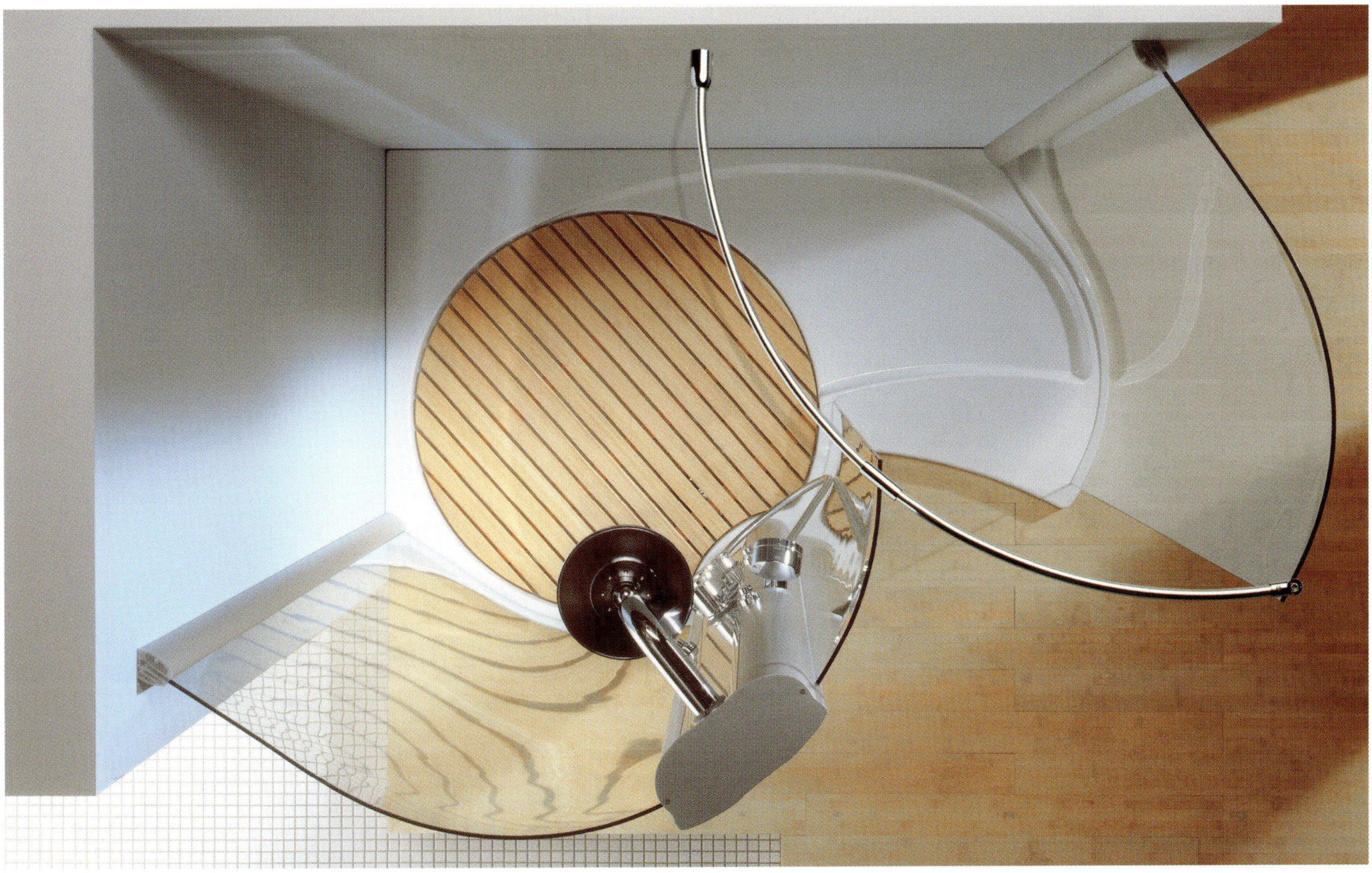

*Der Duschvorhang als
Wolkenstore, im unteren
Saum mit Bleiband
beschwert, an einer
runden Stange*

Alternativen zu den technisch perfek-
ten Duschabtrennungen in Glas oder
Kunststoff sind die hier vorgestellten,
die es teils zu kaufen gibt, teils sind sie
aus Halbfertigprodukten selber montiert.

*Diagonale Verspan-
nungen halten leichte
Segeltuche.*

*Der Duschzuber mit
perfekter Armatur
und einem Vorhang
rundherum*

*Stegplatten schieben
sich auf Spannseilen.*

*An Schwenkflügel-
stangen aus Edelstahl ist
glatt gespannter Stoff
befestigt.*

5
Duscharmaturen

Unabhängig von den schon gezeigten
Hightech-Elementen, die bereits in die
Duschkabine integriert sind, müssen
wir für die herkömmliche Dusche eine
Armatur wählen. Es stellt sich die Frage
nach Aufputz- oder Unterputz-Instal-
lationen, Mischer oder Thermostat und
fertigen Armatur-Systemen.

Unterputz-Armaturen lassen die
Technik in der Wand verschwinden.
Thermostate regeln die Wassertem-
peratur.

Bei Renovierungen wird man zur
Vermeidung von unnötigen Stemm-
arbeiten die Aufputz-Armatur bevorzu-
gen oder ein fertiges Duschsystem.

*Nostalgische
Überkopfbrause*

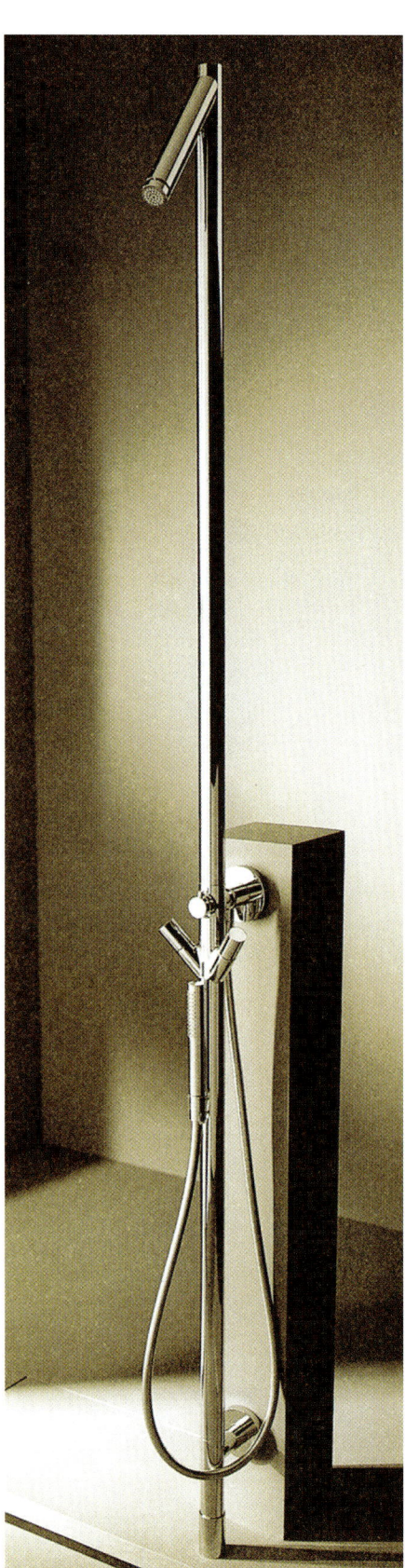

*Freistehende Säule in
funktionellem Design*

Systematische Gliede-
rung der verschiedenen
Duschmontagen

An den Stangen
von links nach rechts:
Einhebelmischer
Aufputz (1)
Unterputz (2)

Zweigriffmischer
Aufputz (3)
Unterputz (4)

Aufputz-Thermostat (5)

Unterputz-Thermostat
(6) mit Absperrventil (7)
und Schlauchanschluss
(8)

Zusätzliche Überkopf-
brause (9) mit Umsteller
(10)

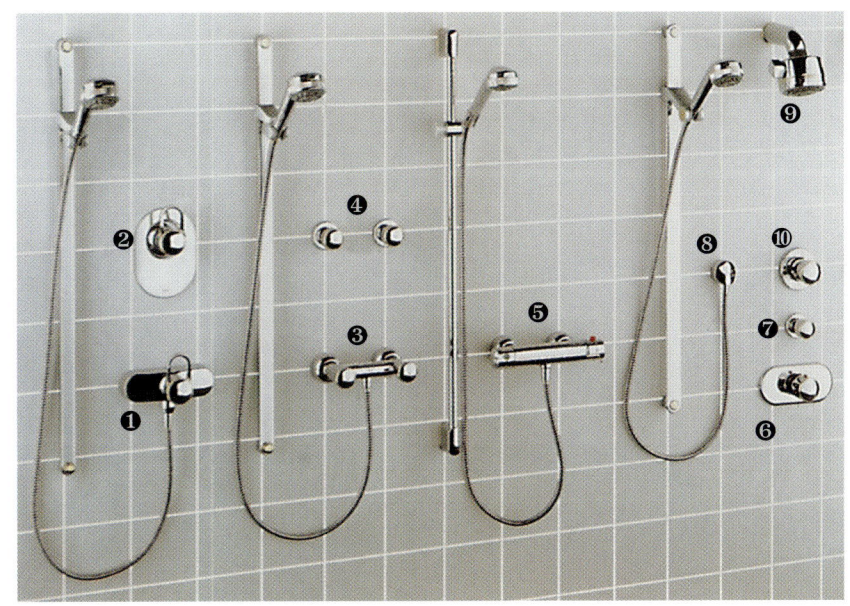

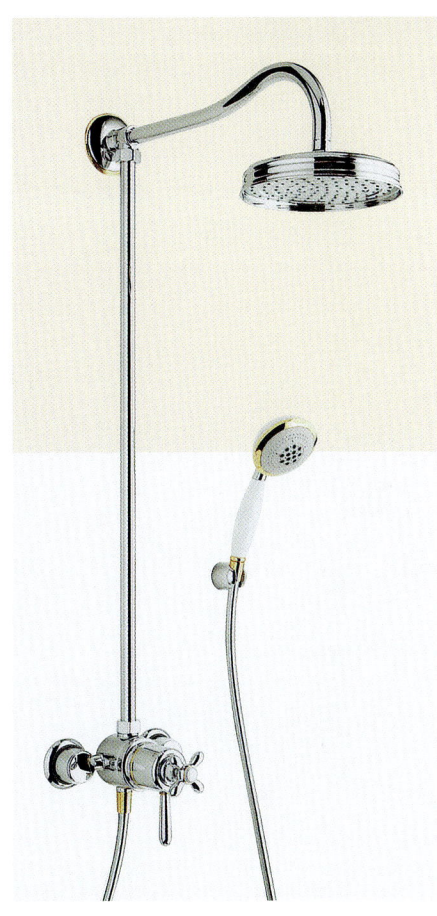

Nostalgische Brause-
Kombination

Der Klassiker und Weg-
bereiter für modernes
Design

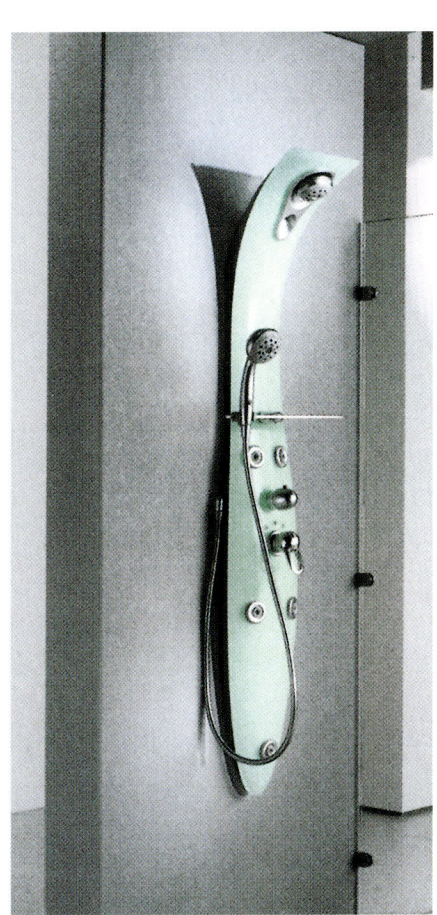

Organisch anmutendes
Dusch-Paneel

6

Wannenarmaturen

Wandarmaturen

Für die Wannenarmatur stellt sich grundsätzlich die Frage, ob sie an der Wand oder am Rand der Wanne installiert werden soll. Die einfachste Version ist die Installation an der Wand mit Mischhebeln, Einlauf und Brauseschlauch in einem Gerät (Abb. oben rechts). Hier gibt es, wie bei den Duscharmaturen, die Wahl zwischen Aufputz- und Unterputz-Version. Will man die Temperatur mit einem Thermostat regeln, unterscheiden sich die Installationsmethoden: der Aufputz-Thermostat funktioniert nach dem Prinzip der Mischarmatur (Abb. unten rechts).

Der Unterputz-Thermostat braucht einen zusätzlichen Anschluss für den Brauseschlauch und einen eigenen Wasserzulauf (Abb. unten links).

Um eine allzu große Ansammlung von Armaturteilen zu vermeiden, kann man den Einlauf in das Überlaufventil der Wanne integrieren (Abb. unten Mitte).

Nostalgische Wandarmatur

Unterputz-Thermostat

Aufputz-Einhebelmischer

Aufputz-Thermostat

Wannenrandarmaturen

Die Wannenrandarmatur ist dann abge-
bracht, wenn die Wanne in ein Podest
eingelassen ist oder die Form des Wan-
nenrandes dafür vorgesehen ist.

Meist wird die Standarmatur mit
zwei Griffen angeboten, da der dekorative Effekt in diesem Fall besonders
erwünscht ist.

Die Hersteller bieten fast alle Armaturen für Waschbecken, Dusche und
Badewanne als Serien mit einheit-
lichem Design an.

Eine Besonderheit sind die Armaturen für die heute so beliebten freistehenden Wannen. Die Anschlüsse sind
im Boden installiert, damit man vom
Wandanschluss unabhängig die Wanne
frei im Raum aufstellen kann.

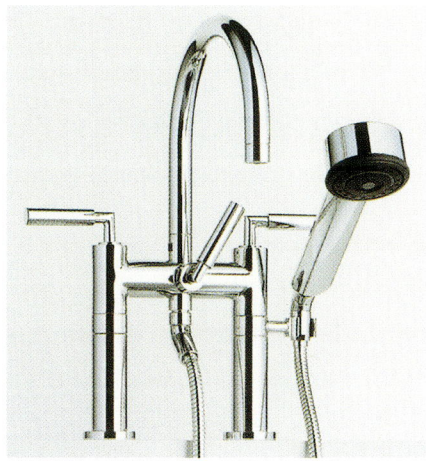

*Zweilocharmatur mit
integrierter Brause*

*Kompakte Einlocharma-
tur mit Stabbrause*

*Neben der Wanne
stehende Bodenarmatur*

*Klassische Armatur mit
separat installierter
Brause*

*Extravaganter
Wanneneinlauf*

7

Badewannen

Normalgrößen

Die Größe der Badewanne richtet sich
nach der Körpergröße des Benutzers.
Für die normale Wanne, in der man
ausgestreckt liegen kann, gilt: Länge
der Wanne = Körpergröße. Die gängige Meinung »je größer, desto besser«
ist falsch. Wenn die Wanne zu lang ist,
haben die Füße keinen Halt, man
»schwimmt auf«.

Ist für eine normale Wanne kein
Platz, bieten sich Kurzformen an, die
die fehlende Länge durch größere
Höhe ausgleichen. Bei den ganz kurzen
Modellen ist es aber nicht möglich,
ganz unterzutauchen.

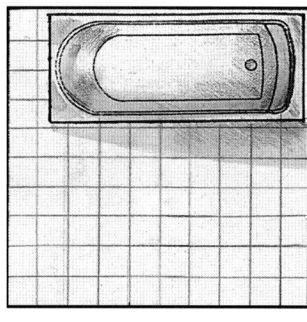

Normalwanne,
von 160 x 70 cm bis
180 x 80 cm

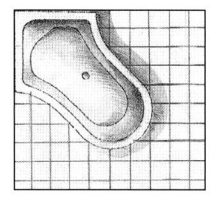

A

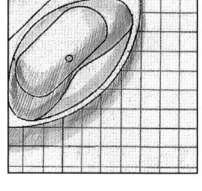

C

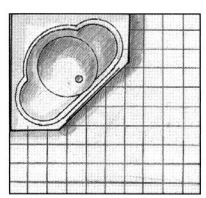

B

A–B:
Spezielle Eckwannen

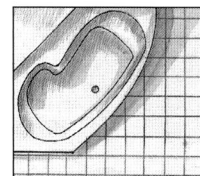

D

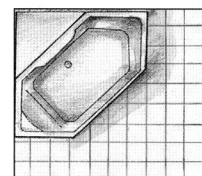

E

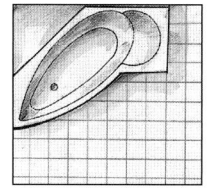

F

C–F:
Eckwannen, die ohne
zusätzliche Eckausfor-
mung auch längs an die
Wand gestellt werden
können

Die Sanitärobjekte wurden zum
besseren Vergleich in eine Fläche
von 2 × 2 m eingezeichnet.

Längen von
Badewannen

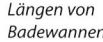

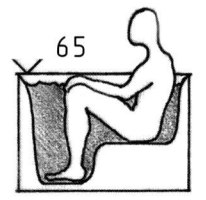
65

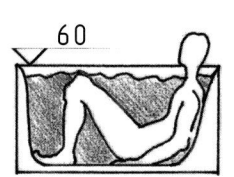
60

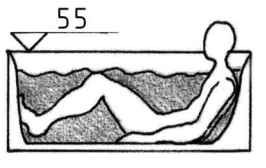
55

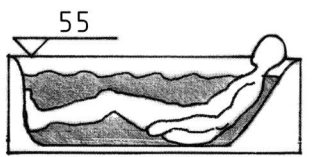
55

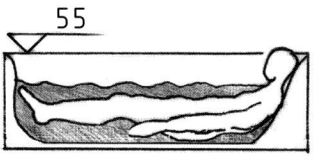
55

105   125   150   170   185

In den letzten Jahren haben die Hersteller eine große Zahl neuer Wannenformen auf den Markt gebracht, teils aus dem herkömmlichen emaillierten Stahl, teils aus dem leichter formbaren Acryl. Kleine Wannen bieten durch ungewöhnliche Proportionen genügend Platz zum Baden. Die normal große Wanne lässt sich durch geschickte Innenausformung von verschieden großen Personen bequem benutzen. Zum Einbau in die Ecke sind Modelle entworfen worden, die eine besonders günstige Raumausnutzung zulassen und dem Trend zur Gestaltung in der Diagonalen entgegenkommen.

Für die Außenverkleidung werden speziell geformte Schürzen im Wannenmaterial angeboten.

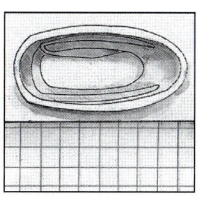

A

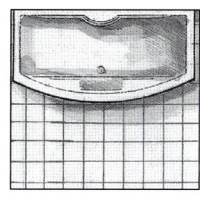

B

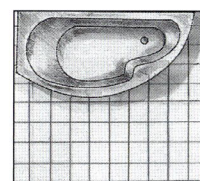

C

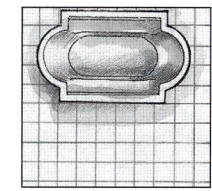

D

A–D:
Normal große
»Designer«-Wannen

Die Sanitärobjekte wurden zum besseren Vergleich in eine Fläche von 2 × 2 m eingezeichnet.

Halbrunde Wanne mit
fertiger Einbauschürze

Wannen mit integrierter Dusche

In vielen Bädern muss in der Wanne geduscht werden. Es gibt Badewannen, bei denen eine spezielle Duschzone mit ebener Standfläche eingearbeitet ist. Duschabtrennungen, die an die besondere Form angepasst sind, und sogar platzsparend integrierte Waschbecken ergeben eine Einheit, die dem Anspruch an gestaltete Perfektion auf kleinstem Raum genügt.

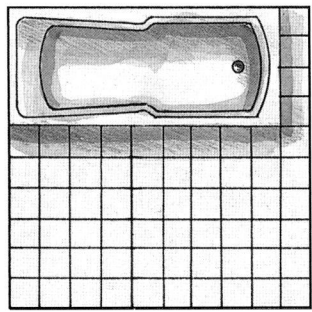

A

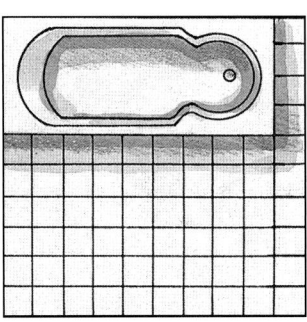

B

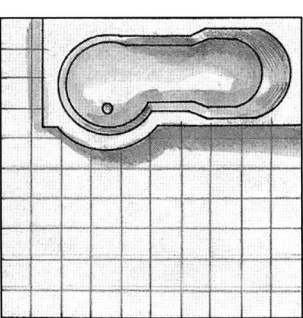

C

A–C:
*Wannen mit ausge-
formter Duschzone*

*Wanne mit Duschzone
und integriertem
Waschbecken*

Die Sanitärobjekte wurden zum besseren Vergleich in eine Fläche von 2 × 2 m eingezeichnet.

Wannen mit Anschluss für Dusche

Selbst in kleinen Bädern besteht der Wunsch, eine Badewanne und eine Dusche zusammen unterzubringen.

Dafür wurden geeignete Formen entwickelt, die platzsparende Anschlüsse erlauben.

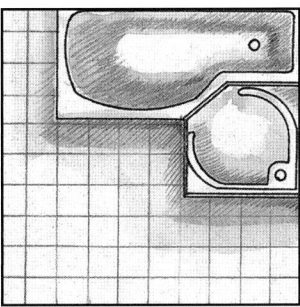

A

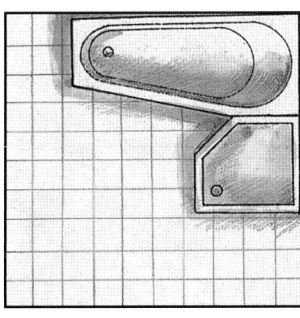

B

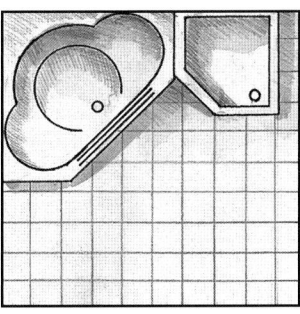

C

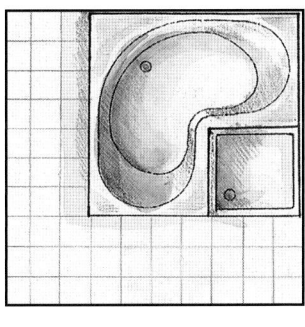

D

Beispiel für sechseckige Ausführung

A–D:
Wannen und Duschen mit ausgeformtem Anschluss

Die Sanitärobjekte wurden zum besseren Vergleich in eine Fläche von 2 × 2 m eingezeichnet.

Freistehende Wannen

Wer in seinem Bad viel Platz zur Verfügung hat oder das Baden in den Schlaf-
bereich einbeziehen will, kann durch
eine freistehende Wanne eine wohnliche Atmosphäre schaffen.

*Ovale Wanne, aus einem
Steinblock gefertigt*

*Für romantische
Gemüter: Nostalgische
Wanne mit eingelegtem
Stoffmuster*

Wanne aus Glas und Kunststoff

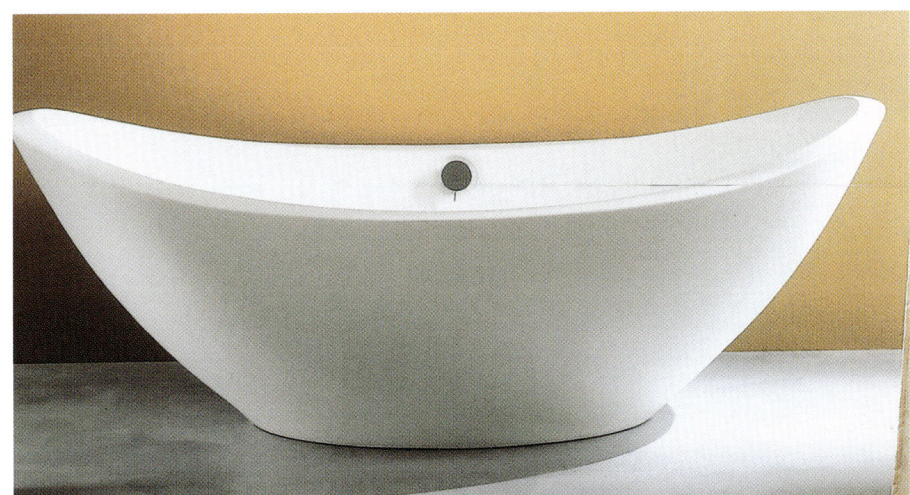

Ultraleichte Wanne (65 kg) aus neuartigem Material

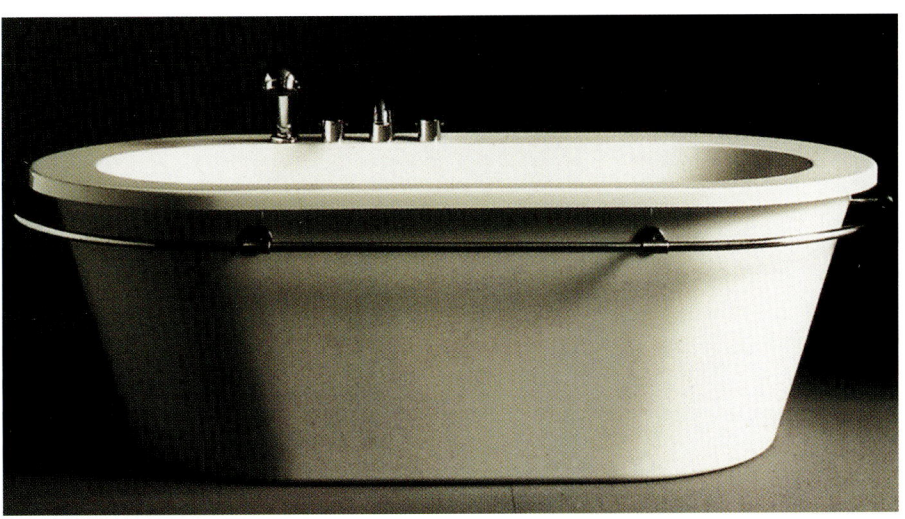

Dem Badezuber nachempfundene Wanne

Luxuswannen

Zum Schluss die Luxuswannen: Es gibt Modelle, auf deren Grundflächen jeweils ein ganzes Bad Platz finden könnte.

Meist sind sie so ausgeformt, dass zwei Personen bequem zusammen baden können. Vorzugsweise werden sie mit einem Whirl-System ausgestattet, wodurch ein zusätzlicher Massage-Effekt entsteht.

Selbstverständlich verlangen diese Wannen eine adäquate kostbare Umgebung: Lack, Spiegel, Gold und Marmor verwirklichen den Traum vom Luxusbad.

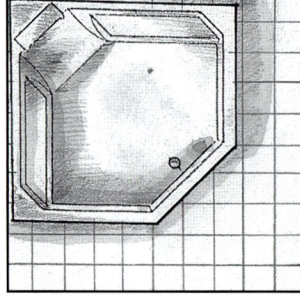

C

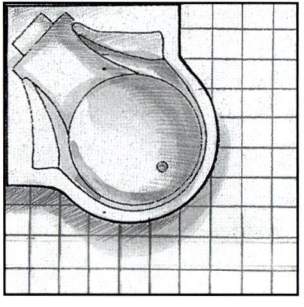

D

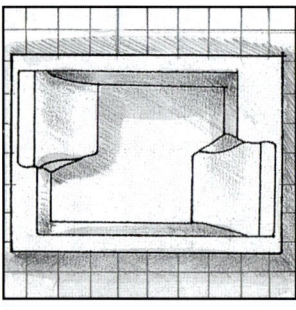

A

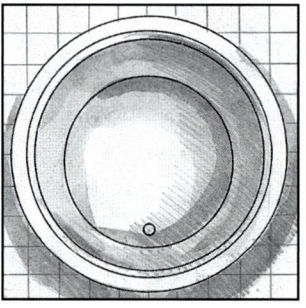

E

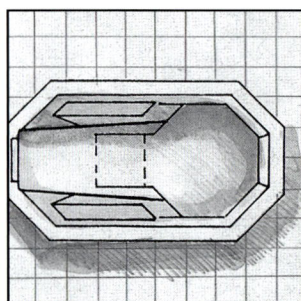

B

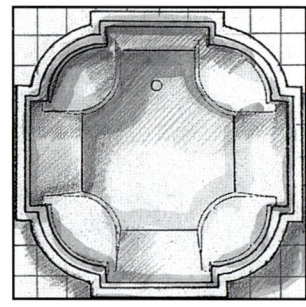

F

A–F:
*Verschiedene Formen
von Luxusbädern*

Die Sanitärobjekte wurden zum besseren Vergleich in eine Fläche von 2 m × 2 m eingezeichnet.

*Die große Wanne in
kostbarer Umgebung*

Bildnachweis

Alape Goslar: o. l. 149, o. l. 153, u. l. 153,
M. r. 159, 151 b, o. 156
Antonio Lupi: Titelabbildung
Artè, Quatro d'Altino: 158, u. r. 159
Artemide: M. M. 133, o. r. 133
Axor: M. r. 161, u. l. 169, u. r. 171
Axor - Hansgrohe, Schiltach: M. r. 171
Axor Stark: 138
Axor, (s. a. Hansgrohe): o. r. 139,
u. l./u. M. 161
Axor/HighTech: u. l./u. M. 161
B.A.D. Hamburg: 32, 32
Betec, München: o. M. 133
Bisazza, Alta-Vicenza: 15, 101, 135, 142
Boffi, Lentate sul Seveso: 136, l. 176
Ceramica Dolomite, Milano: o. r. 159
Dornbracht, Iserlohn: o. l. 133,
M. l. 139, 155, 160, M. l. 161, M. M. 161,
u. r. 161, u. l. 164, l. 168, o. 170, u. r.
170, o. r. 171
Düker, Karlsstadt: o. l. 167, 174
Duravit, Hornberg: l. 143, M. r. 150,
u. r. 150, o. M. 153, u. r. 153, u. 156
Duravit, Hornberg: 163
Duscholux, Schriesheim: u. 165, 175
Flos: 131 a, 131 d
Fontana Arte, Corsico (Milano): 131 b
Fratelli Fantini: u. M. 170

Geberit Sanblock GmbH, Weilheim: 124
Gerloff, Eschwege: 119
Glamü, Heitersheim: 76
Hansgrohe, Schiltach: r. 162, u. l. 167,
r. 168, o. 169, u. r. 169
High Tech, München: 151 c, 151 d,
151 a, o. v. l. n. r. 161
Hoesch, Düren: o. l. 165, 173
Ideal Standard, Bonn: 63, 72
Idealmarmi Belocchi di Fano, Italien: 148
Illbruck: o. r. 164, u. r. 164
Joh. Sprinz GmbH, Ravensburg: u. r. 128,
l. 151
Jörger, Mannheim: o. r. 150
Keramag, Ratingen: u. 141, u. r. 147,
u. M. 149, M. l. 150, u. l. 150
Kermi, Plattling: u. l. 129, u. M. 129
Keuko: 137, u. l. 170
Koralle, Vlotho: l. 162, o. r. 165
Kuhfuß, Herford: o. l. 146, M. M. 149
Laufen Keramik AG, CH-Laufen: 130, o.
141, r. 143, o. M. 146, o. r. 146, u. l. 146,
u. r. 146, o. l. 147, u. l. 147, M. 171
Lumess AG: M. r. 133
Nevobad, Fulda: 61, 70, 71, 108, u. l. 128,
M. l. 149, o. M. 149, o. r. 149, 154, l. 171,
r. 176, 178, 189
Nito: u. M. 133
Obermeier Bäder, München: r. 31, 74, o. v.
l. n. r. 137, o. 177

Pecis Bergamo: u. r. 139
Peter Jensen GmbH, Hamburg: u. r. 149
Prandina, Sr.: u. l. 133, u. r. 133
Rapsel Spa, Settimo Milanese: 25,
o. l. 150, 152, M. 177
Rotter Sanitärausstattung, Berlin: u. l.
149
Schöner Wohnen: 13, 28, 29, 33, 34, 35,
38, 39, 40, 41, 45, 64, 66, 67, 75, 78,
82, 83, 84, 85, 94, 95, 97, 98, 99, 105,
106, 107, 110, 139, 140, 166, u. M. 167,
u. r. 167, 79
Schubert GmbH: M. r. 149
Solzi Luce, Cremona: 131 c
Steininger Steinmetzbetrieb, München:
o. 128
Vest Leuchten: 131 e
Villeroy & Boch, Mettlach: o. r. 147,
o. 157, u. 157, l. 159
Vogelsang: l. 132
Vola-High Tech, München: u. l. 139,
u. M. 169
Völkel Bad, München, 112, 113
Zehnder, Lahr: o. 129, u. r. 129
Zierath: r. 132

Die übrigen Fotos und Zeichnungen
wurden von den Autorinnen erstellt.

Herstelleradressen

Alape Adolf Lamprecht Betriebs-GmbH
Am Gräbicht 1-9,38644 Goslar
Tel.: 0 53 21 - 55 80, www.alape.com

Artè Bagno Veneta s.r.l.
Via G. Marconi 58, I-30020 Quarto
d'Altino, Venezia, Tel.: 0039/422 - 82 44 95
www.artebagnoveneta.com

Artemide GmbH
Hans-Böckler-Str. 258730 Fröndenberg
Tel.: 0 23 73 - 9 75-0, www.artemide.de

Axor (siehe Hansgrohe)

B.A.D. Eppendorf GmbH
Eppendorfer Baum 33, 20249 Hamburg
Tel.: 0 40 - 4 60 48 48,
www.bad-eppendorf.de

Betec Licht AG
Felix-Wankel-Str. 10, 85221 Dachau
0 81 31 - 29 26 56, www.betec.de

Bisazza Mosaico, Viale Milano 56,
I-36041 Alte Vicenza,
Tel.: 0039/444 - 70 75 11, www.bisazza.it

Boffi S.p.A, Via Oberdan 70,
I-20030 Lentate sul Seveso
Tel.: 0039/362 - 53 41, www.boffi.com

D + S Santärprodukte GmbH
Industriestr. 1, 69198 Schriesheim
Tel.: 0 62 03 - 10 20, www.duscholux.de

Ceramica Dolomite, Via Cavassico
Inferiore 160, I-32028 Trichlana (BL)
Tel.: 0039/437 - 55 81,
www.ceramicadolomite.it

**Aloys F. Dornbracht GmbH & Co. KG
Armaturenfabrik**, Köbbingser Mühle 6,
58640 Iserlohn, Tel.: 0 23 71 - 43 30
www.dornbracht.de

Duravit Aktiengesellschaft,
Werderstr. 36, 78132 Hornberg
Tel.: 0 78 33 - 7 00, www.duravit.de

**Eisenwerke Fried. Wilh. Düker
GmbH & Co. KGaA**, Würzburger Str. 1
97753 Karlstadt, Tel.: 0 93 53 - 79 10
www.dueker.de

Fratelli Fantini S.p.A.
Via M. Buonarroti 4, I-28010 Pella (NO)
Tel.: 0039/322 - 96 91 27
www.fantini.it

Flos GmbH, Elisabeth-Selbert-Str. 4a,
40764 Langenfeld, Tel.: 0 21 73 -10 93 70
www.flos.com

Fontana Arte S.p.A.
Via Alzaia Trieste 49, I-20094 Corsico
(Milano) Tel.: 0039/245 - 1 21
www.fontanaarte.it

Geberit GmbH & Co. KG
Theuerbachstr. 1, 88630 Pfullendorf
Tel.: 0 75 52 - 9 34 01, www.geberit.de

Gerloff & Söhne
Höhenweg 13, 37269 Eschwege
Tel.: 0 56 51 - 92 77 92, www.gerloff.com

Glamü GmbH
Mobilstr. 2, 79423 Heitersheim
Tel.: 07634 - 52 00, www.glamue.de

Hansgrohe AG
Auestr. 5-9, 77761 Schiltach
Tel.: 0 78 36 - 5 10, www.hansgrohe.com

HighTech Design Products AG
Landsberger Str. 146, 80339 München
Tel.: 0 89 - 5 40 94 50, www.hightech.ag

Hoesch GmbH & Co. KG
Postfach 100424, 52304 Düren
Tel.: 0 24 22 - 5 40,www.hoesch.de

Ideal Standard GmbH
Euskirchener Str. 80, 53121 Bonn
Tel.: 02 28 - 52 10, www.idealstandard.de

Idealmarmi s.r.l., Strada Giara 9,
I-Poiano (VR), Tel.: 0039/45 - 52 35 29,
www.idealmarmi.it

Illbruck Building Systems GmbH
Burscheider Str. 454, 51381 Leverkusen
Tel.: 0 21 71 - 39 10, www.illbruck.de

Peter Jensen GmbH
Borgfelder Str. 19, 20537 Hamburg
Tel.: 0 40 - 25 79 30, www.peterjensen.de

**Jörger Armaturen- und Accessoires-
Fabrik GmbH**
Seckenheimer Landstr. 270-280,
68163 Mannheim, Tel.: 0621 - 4 10 97 01
www.joerger.de

Keuko GmbH & Co.KG
Oesestraße 36, 58675 Hemer
Tel.: 0 23 72 - 90 4-0, www.keuko.de

**Keramag Keramische Werke
Aktiengesellschaft**
Kreuzerkamp 11, 40878 Ratingen
Tel.: 0 21 02 - 91 60, www.keramag.de

Kermi GmbH, Pankofen-Bahnhof 1
94447 Platting, Tel.: 0 99 31 - 50 10
www.kermi.de

Koralle - Sanitärprodukte GmbH
Hollwieserstr. 45, 32602 Vlotho
Tel.: 0 57 33 - 1 40, www.koralle.de

Kuhfuss Sanitär Vertriebs GmbH
Untere Wiesenstr. 17,
32120 Hiddenhausen-Sundern
Tel.: 0 52 21 - 6 83 90,
www.kuhfuss-sanitaer.de

Keramik Laufen AG
Wahlenstr. 46, CH-4242 Laufen
Tel.: 0041/617657575, www.laufen.ch

Lumess AG
Lettenweg 118, CH-4123 Allschwil 1
Tel.: 00 41 - 6 14 87 97 97, www.lumess.ch

Nevobad GmbH & Co. Handels KG
Agnes-Huenninger-Str. 2-4, 36041 Fulda
Tel.: 06 61 - 8 33 80, www.nevobad.de

Nitoarredamenti Srl
Via E. Mattei, 19,
I-53041 Asciano (Siena) Italia,
Tel.: 0039-0577 -71 88 99, www.rapsel.it

Obermaier Bäder München GmbH
Maximiliansplatz 10, 80333 München
Tel.: 089/224651, www.obermaier.de

La San Giorgio dei F.Lli Pecis
Via Selva 19, I-24060 Zandobbio (BG)
Tel.: 0039 - 035 94 42 76

Prandina Srl
Via Rambolina, 29,
I-36061 Bassano del Grappa,
Tel.: 0039-424 - 56 63 38

Rapsel S.p.A., Via Volta 13,
I-20019 Settimo Milanese (MI)
Tel.: 0039/233 - 5 59 81, www.rapsel.it

Rotter Sanitärausstattung
Soltauer Straße 18-22, 13509 Berlin
Tel.: 030-435740, www.copris.com/rotter/

**Schöner Wohnen, Gruner + Jahr AG &
Co. KG Druck- und Verlagshaus**
Am Baumwall 11,20459 Hamburg
Tel.: 040 - 3 70 30, www.guj.de

Schubert GmbH
Schrobenhausener Str. 132-133
85051 Ingolstadt, Tel.: 0841 - 97 47 40
www.schubertdesign.de

Solzi Luce s.r.l.,
Via del Sale 46, I-26100 Cremona
Tel.: 0039/372 - 2 57 12,
www.solziluce.com

Joh. Sprinz GmbH & Co.
Goethestr. 36, 88214 Ravensburg
Tel.: 07 51 - 37 90, www.glas-sprinz.de

Steininger Steinmetz
Dachauer Str. 333, 80992 München
Tel.: 0 89 - 15 78 06 57
www.steininger-steinmetz.de

Villeroy & Boch AG
Saaruferstraße, 66693 Mettlach
Tel.: 0 68 64 - 8 10,
www.villeroy-boch.com

Vest Leuchten GmbH
Piaristengasse 21, A-1080 Wien
Tel.: 004 31 - 40 64 36 60,
www.vest-leuchten.at

Vogelsang Spiegel GmbH & Co. KG
Weihestraße 16, 32584 Löhne-Gofeld
Tel.: 0 57 31 - 98 19 50,
www.vogelsang-spiegel.de

Vola GmbH
Schwanthaler Str. 75 a, 80336 München
Tel.: 0 89 - 5 99 95 90, www.vola.de

Zehnder GmbH
Almweg 34, 77933 Lahr
Tel.: 0 78 21 - 58 60,
www.zehnder-gmbh.de

Günther Zierath GmbH Spiegel Design
Hamburger Str. 19,
49124 Georgsmarienhütte,
Tel.: 0 54 01 - 8 68 20, www.zierath.de

Stichwortverzeichnis